数字港航物流人才培养丛书

Smart Port
Development

智慧港口
建设与发展

赵 丹　王育红　竺士杰 ◎主编

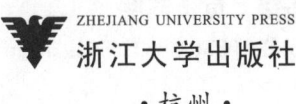

·杭州·

图书在版编目（CIP）数据

智慧港口建设与发展 / 赵丹，王育红，竺士杰主编.
杭州：浙江大学出版社，2024.9. -- ISBN 978-7-308
-25332-1

Ⅰ.U65-39
中国国家版本馆CIP数据核字第2024B9B637号

智慧港口建设与发展
ZHIHUI GANGKOU JIANSHE YU FAZHAN

赵　丹　王育红　竺士杰　主编

责任编辑	陈丽勋
责任校对	朱　辉
封面设计	春天书装
出版发行	浙江大学出版社
	（杭州市天目山路148号　邮政编码310007）
	（网址：http://www.zjupress.com）
排　　版	杭州林智广告有限公司
印　　刷	杭州宏雅印刷有限公司
开　　本	787mm×1092mm　1/16
印　　张	7.75
字　　数	143千
版 印 次	2024年9月第1版　2024年9月第1次印刷
书　　号	ISBN 978-7-308-25332-1
定　　价	25.00元

版权所有　侵权必究　　印装差错　负责调换
浙江大学出版社市场运营中心联系方式：0571-88925591；http://zjdxcbs.tmall.com

前言

当前全球十大港口排行榜中，中国港口占七席。中国港口货物总吞吐量和集装箱总吞吐量均居世界第一位。港口作为全球运输链中的关键节点，对于服务全球贸易、推动资源配置、加快经济发展具有不可替代的独特作用。伴随着全球港口智慧化、绿色化发展的大趋势，中国港口正迈入智慧港口建设的新阶段。

智慧港口建设作为我国交通强国战略的重要一环，对于提升我国港口的核心竞争力，推动港口行业的转型升级，实现高质量发展具有十分重要的积极作用。同时，智慧港口作为"一带一路"建设的重要支撑和保障，可促进国际贸易和物流合作，推动全球交通互联互通。本书以交通强国战略和"一带一路"建设为着眼点，对智慧港口的建设与发展进行系统性的阐述，主要研究智慧港口在技术应用、管理模式、服务模式等方面的创新，探索如何将这些创新应用于实际运营中，以提升港口效率和服务质量，并关注全球范围内智慧港口建设的最新案例和成功经验，为我国的智慧港口建设提供有益参考。

智慧港口作为一种新兴的港口物流模式，其建设和运营需要大量的技术支持和专业管理人才。加大对智慧港口建设人才的培养，提高人才数字化教育背景和实践经验，确保智慧港口建设人才的数量和质量也是本书撰写的主要目的之一。本书旨在通过知识梳理与案例探讨，不断完善和丰富智慧港口知识体系，为未来智慧港口建设和运营提供更加全面和有效的指导和参考。本书可作为数字港航物流人才培养专用教材和参考用书，也可作为港口高质量人才培训教材。

本书获得2022年教育部高等学校物流管理与工程类专业教学指导委员会教改教研课题（面上重点课题）的支持，特此致谢。在撰写过程中，所参阅的资料除了所列参考文献以外，还包括大量的智慧港口建设实例，在此特别感谢宁波舟山港集团对于智慧港口建设案例的分享和实务建议。

编者
2024年9月

目录

第1章 智慧港口概述 / 001

    1.1 智慧港口的定义与基本要素 / 003
        1.1.1 智慧港口的定义 / 003
        1.1.2 智慧港口的基本要素 / 007

    1.2 智慧港口与城市可持续发展 / 008
        1.2.1 可持续性科学的兴起与发展 / 009
        1.2.2 港航业与城市可持续发展的关系 / 010
        1.2.3 建设智慧港口对城市可持续发展的作用 / 012
        1.2.4 智慧绿色港口的建设路径 / 013

第2章 智慧港口与新兴技术 / 017

    2.1 物联网技术 / 019
        2.1.1 物联网技术的定义 / 019
        2.1.2 物联网技术的原理 / 019
        2.1.3 物联网在港口集装箱运输与管理中的应用 / 021

    2.2 大数据技术 / 024
        2.2.1 大数据的来源与特点 / 024
        2.2.2 大数据技术的预测原理 / 025
        2.2.3 大数据在港口安全预警与决策中的应用 / 027

    2.3 5G / 029
        2.3.1 5G 的优点 / 029
        2.3.2 5G 的原理 / 030
        2.3.3 5G 在港口无人驾驶与远程操控中的应用 / 031

2.4　人工智能技术　/ 032

  2.4.1　人工智能的概念　/ 032

  2.4.2　人工智能的核心技术　/ 033

  2.4.3　人工智能在港口智能调度中的应用　/ 035

第3章　智慧港口建设模式　/ 037

3.1　新建模式　/ 039

  3.1.1　新建模式的含义　/ 039

  3.1.2　新建模式案例——上海港：全球最大自动化集装箱码头的新生　/ 040

3.2　改扩建模式　/ 042

  3.2.1　改扩建模式的含义　/ 042

  3.2.2　改扩建模式案例——青岛港：老港区焕发新活力　/ 043

3.3　升级改造模式　/ 045

  3.3.1　升级改造模式的含义　/ 045

  3.3.2　升级改造模式案例——宁波舟山港：智慧赋能，提升港口运营效率　/ 045

第4章　港口智能化运营与智慧化决策　/ 051

4.1　港口基础设施与装备的智能化　/ 053

  4.1.1　航道智能化　/ 053

  4.1.2　装卸设备和运输设备智能化　/ 055

  4.1.3　泊位智能化　/ 058

  4.1.4　港口能源智能化　/ 059

4.2　码头及堆场服务的智慧化　/ 061

  4.2.1　智慧化的调度和计划　/ 061

  4.2.2　自动化集装箱跟踪和管理　/ 063

  4.2.3　智能化的闸口管理　/ 065

4.3　港口管理决策系统的智慧化　/ 066

  4.3.1　数据分析和预测　/ 066

  4.3.2　智能化的生产决策　/ 068

  4.3.3　智能化的风险管理　/ 070

第 5 章 智慧港口管理系统 / 073

5.1 智慧港口管理系统方案框架 / 075
5.1.1 智慧港口管理系统基本条件 / 075
5.1.2 智慧港口管理系统基本架构 / 076

5.2 港口人员管理系统 / 077
5.2.1 港口人员管理系统模块构成 / 077
5.2.2 港口人员管理系统技术架构 / 078
5.2.3 港口人员管理系统应用趋势 / 078

5.3 港口资源管理系统 / 079
5.3.1 港口资源管理系统模块构成 / 079
5.3.2 港口设备管理系统技术架构 / 080
5.3.3 港口资源管理系统应用趋势 / 080

5.4 港口业务管理系统 / 081
5.4.1 港口业务管理系统模块构成 / 081
5.4.2 港口业务管理系统技术架构 / 083
5.4.3 港口业务管理系统应用趋势 / 084

第 6 章 港口供应链的智慧协同发展 / 087

6.1 港航协同 / 089
6.1.1 港航协同的内涵 / 089
6.1.2 港航协同案例——江苏港口全力推进港航协同发展 / 091

6.2 港腹协同 / 093
6.2.1 港腹协同的内涵 / 093
6.2.2 港腹协同案例——大连东北亚国际航运中心建设 / 094

6.3 跨港协同 / 095
6.3.1 跨港协同的内涵 / 095
6.3.2 跨港协同案例——京津冀港口群协同发展 / 096

第 7 章 智慧港口的发展趋势与挑战 / 099

7.1 智慧港口的发展趋势和重点 / 101
7.1.1 未来智慧港口的发展趋势 / 101
7.1.2 未来智慧港口的发展重点 / 102

7.2 智慧港口发展中面临的挑战 / 104
    7.2.1 信息安全问题 / 104
    7.2.2 信息壁垒问题 / 105
    7.2.3 数据权属问题 / 105
    7.2.4 资金投入问题 / 106
    7.2.5 体系制度问题 / 107
7.3 智慧港口未来的创新方向与机遇 / 107

参考文献 / 109

第1章
智慧港口概述

　　传统港口的服务模式和运营效率已经难以满足客户日益多样化、个性化的需求。智慧港口作为现代港口发展的重要趋势，能通过数字化、网络化、智能化等技术手段，实现实时监控、智能调度、优化操作等港区智能化管理，提高港口各层次、各功能领域的协作水平，使港口运作更高效、更精准。同时，智慧港口还可以积极推动港口服务模式的创新，组合港、保税物流园区以及依托沿海港口的内陆无水港等新型服务模式在市场中逐渐崭露头角。智慧港口对于我国港口事业的发展具有重要意义。它能够引领港口运营模式的创新和发展，提升港口的服务水平和竞争力，推动我国港口事业和交通强国建设事业的进一步优质高速发展。

1.1 智慧港口的定义与基本要素

1.1.1 智慧港口的定义

据统计，海上运输行业作为国际贸易和全球经济发展的支柱性产业承担了约 90% 的国际贸易。[1]作为航运活动的交会点，港口负责处理和转运来自世界各地的货物。现代港口形成于 20 世纪，至今大致经历了五代。[2]如图 1-1 所示，在代际更替下，港口的商业模式不断发生变革，由以港口位置取胜的海陆运输节点向以生态经济取胜的综合性港航贸易服务商的角色定位转变，港口发展注重差异化以避免同质化竞争。

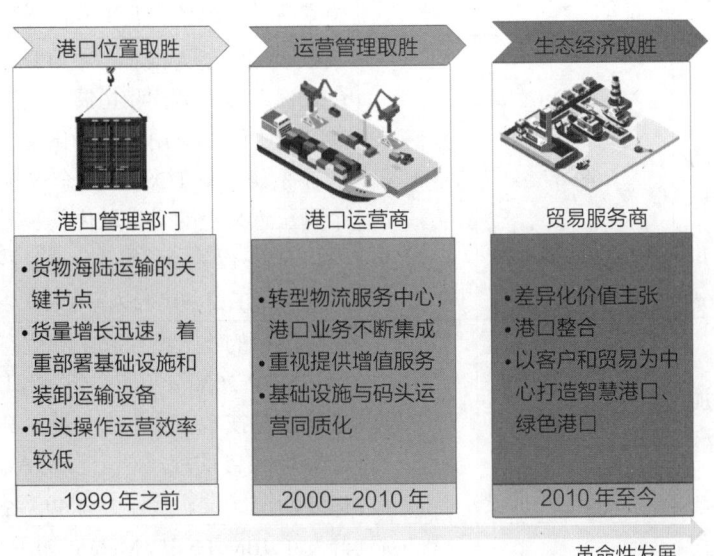

图 1-1 港口角色的转变

具体来看，第一代港口主要作为货物海陆运输的关键节点，港口中的不同业务彼此孤立。第二代港口着重部署基础设施和装卸运输设备，降低了对人力资源的依赖，同时增加了工商业的服务场所功能。第三代港口逐步转型物流服务中心，港口业务不断集成，重视提供增值服务。第四代港口则打破了港口的地区物理分隔，港航之间、港港之间形成联盟，致力于提供网络化的港口服务。第五代港口着重打造以客户和贸易为中心的智慧港口、绿色港口。在由第一代的传统型人拉肩扛式装卸作业演变为如今的第五代港口的过程中，港口运营效率和作业安全性不断提高，各大港口的货物吞吐量不断打破纪录，各港口在智慧化的过程中不断摸索适合自己的发展方向。表 1-1 列出了全球部分智慧港口的发展方向与特点。

表 1-1　全球部分智慧港口的发展方向与特点

国家	港口	2021年货物吞吐量/万吨	2021年排名	发展方向与特点
中国	宁波舟山港	132370	1	发挥深水良港区位优势，以集装箱和散货为两大主攻方向，织密21世纪海上丝绸之路航线网络，以数字孪生为载体，自主研发集装箱生产作业调度系统（n-TOS）+智能设备调度系统（iECS），推行绿色发展理念
	上海港	75277	3	使用有远程控制岸桥、场桥、自动导引运输车（AGV）的自动化码头，第五代固定网络技术（F5G）可实现在百千米外隔空取箱，树立智慧与绿色双五星标杆化智慧港口
	青岛港	68367	4	以数字化转型为核心，注重智慧化监管、绿色环保、高效运营和拓展市场等多方面的发展，自主研发应用全自动化集装箱码头智能管控系统（A-TOS），是全球领先、亚洲首个真正意义上的全自动化集装箱码头和首个"氢+5G"智慧绿色码头，也是我国首个全国产的全自主自动化码头
新加坡	新加坡港	59169	7	重视港口的物流枢纽功能和生态圈建设，提出"NGP 2030"（下一代港口规划），将各类先进技术应用于大士港，实现码头的自动船坞及自动堆场、全自动AGV部署，项目分四期建设，预计于2040年全部完成
荷兰	鹿特丹港	43880	13	开发了IBM Hydro Meteo应用程序[3]，利用数字孪生模拟技术实现港口设备与远洋船舶的远程监控与数据交互分析
美国	洛杉矶港	17800	38	以数字化、自动化、智慧化为主要发展方向，收集港口生态环境的实时数据，注重客户服务、网络安全、环保可持续发展等方面

数据来源：上海国际航运中心[4]

从上述智慧港口的发展方向与特点中可以看出，尽管世界各大港口的发展特点有所不同，但大致的发展方向是一致的。综合来看，智慧港口是在现代港口设施的基础上，借助第五代移动通信技术（5G）、物联网技术、人工智能、大数据等手段，对传统港口的运营模式及软硬件系统进行智能化的改造升级，进而打破传统港口参与方之间的物理隔离，实现港航供应链的所有资源与各业务方之间的无缝连接和协同联动，实现港口的智能化、绿色化、安全化运作。[5]

目前，智慧港口已经成为业界研究的热点，张弛[6]总结了国内宁波舟山港、青岛港、大连港、日照港等港口的智慧港口发展状况，并以天津港为研究对象，设计、提出从感知层、传输层到运算层和应用层的智慧港口发展总体框架；梅叶[7]梳理了关于推进智慧港口建设的国家级规划纲要，认为智慧港口的内涵是在生产、管理、服务和保障等方面达到先进水平，是港口发展的高级阶段，并对智慧港口的生态内涵和治理路径提出了见解；吴大立[8]指出智慧港口应依托港口综合管理系统，实现实时数据采集处理与智能决策、风险识别应对、信息共享及协同等核心功能；Yau等[9]总结了现代信息技术在智慧港口建设方面的突出贡献，提出了智慧港口在智能船舶、集装箱管理、节能减排、能源效率提高等方面的意义，为智慧港口的理论与实践发展奠定了坚实的基础；Min[10]结合工业4.0时代的到来，提出港口通过数字化、自动化的运营模式，减少了港口用户的响应时间，提高了港口资产利用率，并增强了海上物流的可预测性；Heikkilä等[11]对国内外关于工业4.0和智慧港口在自动化、可持续性、协同合作等方面的文献进行了梳理，并展望了未来智慧港口在运作创新、物流联盟、生态圈建设等方面的发展情况。可见，学术界对于智慧港口虽然并没有统一的定义，但对于智慧港口的含义及基本要素和特点等有着共识，即智慧港口强调数字化技术在港口的应用赋能，在自动化、可持续性、柔性化、生态合作等方面与传统港口有着明显不同。[12]因此，智慧港口的核心在于现代信息技术与港航业务的深度融合和赋能，具体体现在以下几个方面。

（1）**借助智能设备实现港口的全面感知**。智慧港口通过射频识别（RFID）技术、各类传感器、北斗导航卫星系统等现代化信息技术收集与上传港口运营相关数据，包括集装箱空气湿度、温度、通风度等数据，通过物联网技术实现对货物航运全过程的实时跟踪、定位监控与业务管理。这些智能设备的投入运行不仅提高了货物运输的安全性与经济性，更为港口运营商提供了翔实准确的海量数据，为港口的智能化决策奠定了基础。

（2）**基于大数据实现港口的智能化决策**。智慧港口相比传统港口更加注重用户需求，人工智能与机器学习技术借助智能设备感知到的大数据，利用各类高效算法对数据进行加工处理，实现智慧港口的故障查找与预判并能够预估未来各项业务活动的发展趋势，从而实现港口的智能化决策，提高港航供应链柔性响应能力与港口整体竞争力。

（3）通过云管理平台实现信息整合与共享。在目前已开发建设的智慧港口项目中，各类云信息管理平台随处可见。这类平台通过整合航运过程中的相关信息，并将之传送至港口后台数据库中，再通过可视化技术将用户最为关心的数据展示在港口综合信息化云平台中，实现信息整合共享与高效智慧化管理。这种信息整合与共享机制确保了港航相关用户及时、高效地获取所需信息，有助于更好地协调港航供应链各方的工作。

（4）管理者与相关方实现了业务全程参与。在工业4.0时代，借助5G、大数据技术、物联网技术等实现数据的实时交换，使得智慧港口业务中从货主到承运人、仓库管理者及收货人等相关方都能在互联互通的智能系统中进行信息的交互和协同工作，减少信息差，从而提高整个运输过程的操作效率和透明度。

集装箱作为海运行业的一项颠覆性发明，除了普通箱柜外，已开发出罐式集装箱、冷藏集装箱、开顶集装箱、牲畜集装箱等多种形态，以适应不同货种的运输。集装箱港口也是目前智慧港口的应用重点，1993年以鹿特丹港ECT码头为代表的第一代自动化码头是业界公认的最早的有代表性的自动化码头。港口自动化建设经历过多次探索与发展[13]，以绿色低碳为主要特征的第五代自动化码头成为当下众多港口的共同追求[14]。自动化码头发展历程及历代代表性港口主要特点如表1-2所示。

表1-2 自动化码头发展历程及特点[15, 16]

发展历程	代表性港口	主要特点
第一代	鹿特丹港ECT码头（欧洲集装箱码头）	单小车岸桥，AGV线路固定，运行速度3米/秒，定位精度较低
第二代	汉堡港CTA码头（Altenwerder集装箱码头）	双小车岸桥，AGV线路灵活，运行速度5.8米/秒，定位精度提高
第三代	鹿特丹港Euromax码头	AGV升级为柴油发电机驱动，运行速度提升到6米/秒，定位更精确，堆场内轨道吊为接力式对称布置
第四代	厦门远海集装箱码头	AGV以可充电式电池为驱动力，路线导引灵活，堆场内两台轨道吊接力式对称布置，引入AGV伴侣解决轨道吊与AGV的耦合问题
第五代	青岛港全自动化集装箱码头	融合工业互联网、物联网、云计算、5G、人工智能、数字孪生等多种先进技术，打造世界首个"氢+5G"绿色智慧码头，研发全自动化集装箱码头氢动力轨道吊、A-TOS智能管控系统、智能空轨集疏运系统等，确保码头作业效率全球第一

相较于英国、荷兰等欧洲发达国家，受限于社会经济、科学技术等因素，我国自动化集装箱码头的建设起步较晚。1999年，香港国际集装箱码头的半自动化升级改造是我国自动化码头建设方面的首次尝试。2005年，我国第一个真正意义上的全自动化集装箱堆场在上海外高桥建成，单程堆箱量1920标准箱（TEU），最高达8层。我国自动化码头及智慧港口的建设虽然起步较晚但是追赶势头迅猛，经过10多年的学习借鉴与艰辛探索，2014年终于真正建成了中国自主研发的全自动化码头，许多专利技术甚至已经领先世界。上海、青岛、宁波、厦门等地的智慧港口建设已达到世界前列水平。我国自动化集装箱码头从无到有、由弱到强的发展历程是我国改革开放40多年以来综合国力不断提升的最佳证明，在当前建设"一带一路"背景下，自动化集装箱码头也是我国向外国友人发出合作倡议的一张自信亮丽的名片。

1.1.2　智慧港口的基本要素

　　智慧港口在构成要素上与传统劳动密集型港口有着本质不同。智慧港口是信息技术与港口业务深度融合的产物，是基于现代化和标准化的基础设施配置，应用新一代信息技术，打破港口传统运营模式，实现港口智能化、自动化、高效化运营，通过业务创新发展不断提升港口核心竞争力的技术密集型港口。智慧港口的建设和发展是港口业未来发展的重要趋势，智慧港口的基本要素应包括以下方面。

　　（1）**港口基础设施与运输设备的互联互通**。港口基础设施包括港口航道、港池锚地、防波堤、码头、泊位、腹地联合运输配套设施，以及提供辅助装卸运输作业的设施设备，例如AGV、龙门吊、集装箱卡车（简称集卡）、岸桥、叉车等。智慧港口通过物联网技术能够实现港口各运营设施设备间的互联互通，通过实时的数据采集、处理和交换，满足现代化港口的高效运作需求，进行自主作业控制和决策，以提高港口作业的效率和准确性。

　　（2）**港口生产运营系统的智能自动化**。港口生产运营系统的智能自动化是指通过物联网、大数据和人工智能等新兴技术，实现集装箱的自动化堆垛和装卸，船舶智能调度与岸桥操作等生产流程的自动化。通过这些智能自动化的方式为港口运营建立智能化的系统，实现港口各方面运营的可视化、智能化、自动化、数字化和节约化。

　　（3）**港口运营组织的协同一体化**。港口运营组织的协同一体化是指将多个相邻港口的运营、管理、机械设备等进行整合，形成一个更加高效、协调和有组织的整体，通常也称为港口整合，例如宁波舟山港、山东港口群、河北港口群等的整合。港口整合可跨越不同国家或地区涵盖多个港口进行。港口协同一体化不是简单的"物理变化"，而是"化学变化"，通过整合港口资源，实现降本增效，推动贸易和经济的发展，达到更好地与上下游企业进行协同合作的目的，形成更加完整的供应链生态圈系统，提高整个供应链的效率和竞争力。

（4）**港口运输服务的敏捷柔性化**。港口运输服务的敏捷柔性化是指港口在面对复杂波动的外部环境时能做出快速响应，以适应不断变化的供应链环境。港口运输服务的敏捷柔性化包括三大方面：一是战略柔性，指港口能够根据外部环境的变化，制订和调整战略目标；二是结构柔性，指港口能够根据市场需求和供应链环境的变化，灵活调整自身的组织结构；三是运营柔性，指港口能够根据运输需求和市场的变化，灵活调整自身的运营策略和运营模式。港口运输服务的敏捷柔性化能提高港口的竞争力和市场适应性，同时也能促进港口的可持续发展。

（5）**港口管理决策的客观智慧化**。港口管理决策的客观智慧化是指通过借助新一代信息技术，如大数据、人工智能、云计算等避免凭借人类主观经验和思维定式造成的决策误判，实现港口管理决策的智能化、客观化和科学化。例如，管理者可以利用数字孪生智慧港口，进行多次虚拟仿真实验，模拟不同场景下的港口运营情况，评估各种方案的可行性和效果，以客观、直观的实验数据支持港口管理决策的科学性和准确性。

这些基本要素共同构成了智慧港口的核心特征，体现了智慧港口的现代化、智能化、高效化、协同化的特性。

1.2 智慧港口与城市可持续发展

世界各地的许多城市都与港口建立了复杂的关系，因为大型城市大多数起源于港口所在地。通常来说，城市的经济活力与其港口密切相关，港口为城市人口就业与商业互动提供了重要平台。港口与城市的特殊结合使其成为区域交通中心和经济发展中心。智慧港口与城市可持续发展是相辅相成的关系。未来更需要关注智慧港口与智慧城市的协同发展，推动智慧港口与智慧城市共同发展，实现经济、社会、环境的可持续发展目标。

1.2.1 可持续性科学的兴起与发展

自 20 世纪 80 年代以来，伴随城市化与工业化进程的加快，环境污染和资源过度消耗等问题日渐显现，引起了国际社会的广泛关注。在此背景下，一种新的综合性科学——可持续性科学，逐渐进入大众视野。可持续性科学的兴起与全球环境问题的日益严重和人类对可持续发展的日益关注密切相关。1987 年，世界环境与发展委员会向联合国提交的一份题为《我们共同的未来》的报告，正式指出"可持续发展"是指"既满足当代人的需要，又不对后代人满足其需要的能力构成危害的发展"，为可持续性科学研究提供了重要的理论基础。紧接着在 20 世纪 90 年代初，可持续性科学迎来了快速发展时期。随着人们对环境问题认识的深入和可持续发展观念的普及，可持续性科学研究受到越来越多的关注。这一时期，可持续性科学得到了大量资金支持，研究机构和项目数量大幅增加，相关政策和标准也开始出现。[17]

进入 21 世纪以来，这一新兴科学领域开始得到更加广泛的关注和应用，进一步推动了可持续发展的进程。可持续性科学是一个跨学科的研究领域，它交叉融合了生态学、环境科学、社会学和经济学等多学科的理论与方法，旨在研究人类社会、经济和自然环境的协调发展。这一科学的核心思想是通过促进可持续发展，实现人类和自然环境的双赢。

可持续性科学的核心关注点如表 1-3 所示。

表 1-3 可持续性科学的核心关注点

序号	关注点	主要内容
1	环境承载力评估	涉及对自然环境的生态阈值、环境容量等环境承载力的评估，以了解当地环境条件下的可持续发展阈值
2	资源利用优化	涉及对自然资源的高效、循环利用，以及能源转型等方面，以实现可持续发展过程中的资源优化配置
3	社会经济协同发展	涉及经济增长与社会公平、公正等方面的协同发展，以促进可持续发展过程中的社会福祉提升
4	制度与政策创新	涉及对现行制度和政策进行创新和改革，以适应可持续发展的需要，促进可持续发展的实施和落地

可持续性科学的兴起和发展为可持续发展提供了重要的科学支撑和实践指导。它不仅有助于提高人类对可持续发展问题的认识和理解，还有助于推动全球可持续发展运动的深入开展。

1.2.2 港航业与城市可持续发展的关系

港航业作为资本密集型产业，是全球贸易和经济发展的重要支柱，但同时也是一个高能耗、高排放的行业。随着全球对环境保护和气候变化问题的关注度不断提高，港航业必须采取有效措施来降低对环境的负面影响，实现可持续发展。国际海事组织（International Maritime Organization，IMO）提出要尽快使国际航运的温室气体排放量达到峰值，并在考虑到不同国情的情况下于2050年之前或该年前后实现温室气体净零排放。2024年1月1日起，欧盟碳排放交易体系（EU Emissions Trading System，EU-ETS）正式对航运业生效，船东或其他承担船舶责任者（如船舶管理公司或光船租赁商）将被强制要求为其船舶往返欧盟港口时产生的温室气体排放付费。[18]中国在第75届联合国大会上也正式提出要在2030年实现碳达峰、2060年实现碳中和的目标。港口作为航运活动的重要节点，不仅是货物流转的重要交通枢纽，也是各种污染产生的源头。[19]图1-2是港口生产活动中的碳中和场景示意。港口在进行货物装卸作业及船舶锚泊、靠泊等活动时都会产生大量的碳排放，而这需要港口所在城市的绿植进行碳吸收。一个国家、地区、企业、家庭或个人在一定时间内直接或间接产生的二氧化碳或温室气体排放总量被植树造林、节能减排等抵消，实现正负抵消的"相对零排放"，也就实现了碳中和目标。同样在港航领域，一个港区在一定作业时间内通过船舶、装卸设备、工作人员等产生的温室气体被植树造林和智慧港口的节能减排措施抵消实现零排放，也就实现了绿色港口的建设目标。

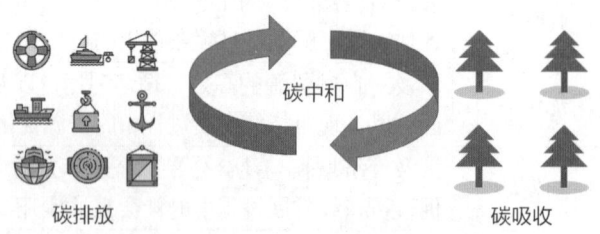

图1-2 港口生产活动中的碳中和场景

在推动国际航运碳减排进程中，IMO始终处于核心位置。IMO制定了一套较为全面的政策体系，包括规划引导类、强制约束类和支持保障类等三类，旨在与《巴黎协定》中规定的温控目标保持一致。

（1）**规划引导类政策**。这类政策旨在引导航运业未来的减碳方向。例如，2018年通过的《IMO船舶温室气体减排初步战略》明确提出到2030年和2050年的碳排放强度降低目标和总体减排目标。该战略提供了一份短期、中期和长期减排措施清单，以促进航运业实现碳减排。

（2）**强制约束类政策**。这类政策主要是通过制定具有强制约束力的国际公约和规则来推动航运业进行碳减排。例如，《国际防止船舶造成污染公约》（International Convention for the Prevention of Pollution from Ships，MARPOL公约）就是一份IMO为保护海洋环境而主导制定的强制约束所有缔约国船舶的国际性公约。此外，新船能效设计指数（energy efficiency design index，EEDI）和现有船舶能效指数（energy efficiency existing ship index，EEXI）也是IMO推动国际航运业低碳转型的重要工具。EEDI是2013年生效的指数大小与船舶能耗成正相关的评估新造船舶能效性能的指标，而EEXI则是2023年生效的用于评估现有船舶排放能效性能的指标。这些指数，可以量化船舶的能效水平，从而鼓励船舶所有者进一步提高能效，减少碳排放。EU-ETS则强制要求航运公司在每年9月30日前为上一年度的温室气体排放量支付相应的碳配额。每个配额代表排放1吨二氧化碳等量物的权利，排放量与所需配额数量相等。航运公司可以通过欧洲能源交易所的拍卖或二级市场购买碳配额，并需在登记机构开设账户进行交易和持有。未使用的配额不会过期，可留待以后使用。若航运公司未能按时足额缴纳碳配额，除须补缴外，还将面临每吨未缴纳配额的高昂罚款（该罚款会随指数调整）。欧盟成员国还可能对其施加额外处罚。连续两年或更长时间未缴纳的公司，其船舶可能面临被驱逐出港或扣留的风险。

（3）**支持保障类政策**。这类政策主要是为了支持航运业进行碳减排，提供必要的保障和激励措施。例如，IMO鼓励各国制订和更新减少航运排放的国家计划，同时促进低碳/零碳替代燃料的研发，以促进航运业的低碳转型。

港口与港口城市之间作为一个统一实体，其互动具有显著的互补性。港口城市以其独特的设施与服务为港口的运营和发展提供了必要的条件，从而有效地扩展了港口的各种功能。港口的发展也极大地促进了港口城市的经济发展。然而，随着港口和港口城市的不断进步，其整体规模和结构都有所扩大，这也引发了一系列问题。人民日益增长的美好生活需要与港口城市发展之间的矛盾日益凸显。港口发展所带来的环境、土地和交通等问题正逐渐受到社会的关注。这些问题的严重性不容忽视，迫切需要加以解决。因此，如何及时、正确地协调港口与港口城市的发展关系成为当前我国港口城市发展的一个重要议题。

1.2.3 建设智慧港口对城市可持续发展的作用

Murphey认为港城关系的演进大致可以分为四个阶段。[20]第一阶段是城市经济发展高度依赖港口活动；第二阶段是城市的工业活动（可被视为港口附加活动）在港口聚集；第三阶段是城市摆脱了对港口的依赖，港口成为服务城市经济发展的对象；第四阶段是港口与城市之间相互依赖，相辅相成。在应对气候变化和实现全球碳中和目标的背景下，港口的绿色智慧转型已成为港口与城市高质量、可持续发展的必要途径。

一方面，智慧港口通过运营优化显著降低了物流活动对城市环境的影响。智慧港口的运营依赖于一系列先进的数字技术和物联网技术，包括自动化技术、人工智能、大数据等的应用，这使得港口的物流过程更加透明和可控。通过优化路线规划、提高装卸效率和降低运输过程中的能源消耗，港口的智能化运营显著减少了碳排放，从而减少了环境负外部性的影响，降低了港口所在城市的碳排放水平。以新加坡港为例，该港口采用智能集装箱管理系统，通过数字孪生等技术实现对集装箱的实时监控和数据分析，优化航线规划，减少集装箱在港口的停留时间和运输距离，从而减少碳排放。新加坡港口将采用更清洁的能源、自动化和数字技术，计划最迟到2030年将港口码头的碳排放量从2005年水平削减60%，并在2050年实现净零排放。[21]

另一方面，智慧港口可以实现包括人力、物资、设备等在内的精准资源管理，从而提高运营效率并减少资源浪费。通过实时监控和数据分析，智慧港口可以精确调度资源和优化配置，避免资源消耗，从而减少对环境的压力。此外，智慧港口还可以通过建立有效的固废资源回收机制，提高资源利用率，进一步推动城市可持续发展。因此，智慧港口是实现城市可持续发展的关键因素之一，可以为城市创造更加繁荣、宜居的未来。

此外，在城市可持续发展的背景下，智慧港口作为海运关键的物流节点，通过强大的数据处理和分析能力，为促进供应链上下游的可持续发展提供了坚实的科学依据。通过实时收集、处理和分析大量运营数据，智慧港口不仅可以准确掌握自身运营状况，提高运营效率，还可以利用数据分析预测未来发展趋势，为决策者提供准确的科学决策依据。此外，作为供应链中的核心节点，港口智慧化在促进城市可持续发展方面发挥着至关重要的作用。通过与供应链上下游企业的协同合作，智慧港口可以促进资源优化配置、节能减排和循环经济，促进城市经济、社会和环境的协调发展。因此，智慧港口是实现城市可持续发展的重要组成部分，对建设绿色、低碳、智慧的现代城市具有重要意义。

智慧港口在优化产业结构和城市能源管理方面的应用也具有重要意义。以西班牙阿尔赫西拉斯港口的全自动化码头（TTI码头）为例。TTI码头是西班牙自动化程度最高的码头，最早采用了垂直自动化方式作业，该码头于2010年5月开始营运，可停泊18000 TEU级的集装箱船。[22]该港口采用智能化的能源管理系统，取得了显著的成果。该系统能够根据港口的实际需求自动分配电力资源，优化电力使用和调度，减少能源浪费；同时，还可以实时监控电力使用情况，及时发现和解决能源消耗问题，进一步降低碳排放。智慧港口在能源管理中的应用不仅体现了其在城市可持续发展中的责任，也为全球港口业的可持续发展树立了典范。随着全球对环境保护的日益重视和减碳压力的日益增大，智慧港口在能源管理方面的经验和技术将越来越受到关注。

综上所述，智慧港口作为城市系统的重要一员，以其高效、环保的运营模式，为城市的可持续发展提供了重要的支持，在城市经济发展中扮演着重要角色。然而，在智慧港口的建设过程中也需要解决一些技术和经济上的挑战，以发挥智慧港口在可持续发展中的更大作用。港口城市应重视港口的核心战略地位，扩大临港工业的发展影响力，协调好港口发展与城市经济可持续发展之间的关系。

1.2.4 智慧绿色港口的建设路径

从政策效果来看，政策对打造绿色港口的积极作用是有效且深远的。所以，智慧绿色港口建设路径的首要步骤，就是建立健全绿色港口的政策制度。在推进绿色港口建设过程中，相关政策的制定和实施为投资者提供了有效支持，包括但不限于在市场准入、融资渠道等方面提供实质性便利。这样的政策不仅鼓励投资者积极参与绿色港口建设，而且对绿色港口建设的推动作用不可小觑，有助于企业增强市场竞争力，从而更好地适应市场变化，推动企业实现可持续发展。同时，此类政策也在引导和推动绿色智慧港口的建设。价格补贴类政策也是一条行之有效的政策路径。价格补贴类政策的实施，可以推动国际航运贸易市场的发展。例如，政府可以对绿色船舶、清洁能源船只等提供价格补贴，降低其运营成本，从而促进这些船只在港口间的贸易活动。此外，价格补贴类政策还可以促进绿色港口建设的技术创新，推动绿色船舶、清洁能源船舶等的发展。税收优惠类政策是推动绿色港口建设的另一条有效政策路径。税收优惠类政策的实施,可以降低港口企业的生产经营成本,从而刺激其生产活动。例如,政府可以给予港口绿色企业税收减免等优惠政策,鼓励企业积极开展绿色生产。此外,税收优惠类政策还可以促进港口企业能力的构建,推动技术创新,为港口企业的发展营造有序的行业环境,形成合理的产业结构与布局。从城市可持续发展和航运业碳中和的角度来看,绿色港口建设是实现这些目标的重要途径之一。为了满足ECA(emission control area,排放控制区)排放控制要求,港口企业需要积极采取措施降低船舶排放,改善大气环境质量。政府可鼓励企业采用清洁能源和节能技术,以提高船舶能效。这不仅能够促进绿色港口的建设,也有助于推动城市可持续发展和航运业碳中和目标的实现。另外,税收优惠政策还可以促进绿色港口建设的技术创新,推动绿色船舶、清洁能源船舶等的发展。这些技术创新将带来更高效、更环保的港口运营模式,为实现航运业碳中和城市可持续发展做出积极贡献。

从城市可持续发展的角度来看,绿色港口建设既是促进城市可持续发展的重要手段,也是实现城市经济发展的重要途径,因此推动智慧港口建设与智慧城市建设相互促进,要通过绿色港口建设来实现与城市发展紧密相连、相互影响、相得益彰的可持续化发展的港城建设。所以,智慧港口的规划和建设者需要综合考虑各方面因素,从更宏观的角度出发,为推进绿色港口建设和城市可持续发展,制定更加全面有效的政策。具体而言,智慧港口建设与智慧城市建设的相互促进,可以从以下几个方面来实现。

(1)**智慧交通系统**。智慧港口和智慧城市都需要建设智慧交通系统,以实现交通管理的智能化和高效化。比如,城市交通的运行效率和管理水平,可以通过智能交通信号控制系统、智能公交管理系统、智能停车场管理系统等实现提升;同时,港区腹地交通的高效管理和安全运输,也可以通过智慧港口交通管理系统来实现。

(2)**智慧物流体系**。智慧港口和智慧城市都需要构建智慧物流体系,以实现智慧、高效的物流管理。例如,可以通过智能化仓储管理系统、大气颗粒物智能监测系统、智能化运输管理系统、智能化配送管理系统等,提高城市物流的运营效率和管理水平;也可以通过智慧港口物流管理系统,实现港区物流的高效管理和安全运输。

(3)**智慧能源管理系统**。智慧港口和智慧城市都需要建设智慧能源管理系统,以实现能源管理的智能化和高效化。例如,可以通过智能化能源监测系统、智能化能源调度系统、智能化能源管理系统等，提高城市能源管理的运营效率和管理水平；也可以通过智慧港口能源管理系统，实现港区能源的高效管理和安全运输。

（4）**智慧安防系统**。智慧港口和智慧城市都需要建设智慧安防系统，以实现安防管理的智能化和高效化。例如，可以通过智能化视频监控系统、智能化出入境管理系统、智能化安全预警系统等，提高城市安防管理的运营效率和管理水平；也可以通过智慧港口安防管理系统，实现港区的高效管理和安全运输。

本章课件

第 2 章
智慧港口与新兴技术

　　智慧港口借助现代信息技术手段进行数据采集、数据处理和数据分析，实现智能化的港口管理和运营。得益于物联网、5G、大数据和人工智能等新兴技术的快速发展，智慧港口的运营效率、资源配置水平以及港口的可持续性水平不断提高。

2.1 物联网技术

根据交通运输部统计数据，2023年上半年我国港口货物吞吐总量为44.19亿吨，同比增速达7.7%。[23] 由于货物吞吐量不断增大，出于对码头装卸和仓储堆存要求的考虑，码头的自动化运行日益重要。在这一方面，物联网技术有着极大的优势。[24] 物联网技术是智慧港口的核心技术之一，应用在货物和运输设备的监测、定位和追踪等方面。通过物联网技术，智慧港口可以实时获取货物的位置和状态信息，为优化运输路线、提高装卸效率等提供数据支持。

2.1.1 物联网技术的定义

物联网（internet of things，IoT）是一种通过各种信息传感设备和系统，将物体与互联网相互连接，进行信息交换和通信的技术。物联网技术的主要运作机制是通过约定的传输控制协议（TCP/IP）等网络传输协议使任何物体都可以实现智能化识别、定位、跟踪和监管等功能。物联网技术的核心是网络化泛在的传感器节点，各种类型的信息都可以在物联网中进行交流和协同。借助RFID、无线传感器网络和嵌入式系统等技术，实现物体与互联网之间的信息交换和通信，进而达到智能化识别、定位、跟踪和管理等目的。[25]

物联网的概念最早起源于1999年，当时美国麻省理工学院建立了自动识别中心，并提出了一种网络无线射频识别系统，也就是现在常说的RFID技术。早期的物联网以物流系统为背景，用RFID技术替代条码识别，实现仓库快速处理大量信息的需求。[26] 在智慧港口领域，物联网技术也发挥着重要作用。智慧港口的物联网技术应用，可以实现在运输货物上贴上标签，在随后的运输链或资金链中货物信息都将通过物联网扫描记录到互联网平台形成虚拟实体在企业间流通，有助于港口运营的智能化、可视化和协同化建设，提高港口的吞吐能力、安全水平和运营效率。

2.1.2 物联网技术的原理

物联网技术的原理如图2-1所示。物联网可简单理解为"物物相连的网络"。在该网络中，搭建云平台以及对物体内嵌传感器和处理器，实现对物体的实时监测和数据采集，这些采集到的数据通过互联网协议进行无线传输，并最终被处理和存储在云端平台。然后，利用大数据、云计算和人工智能等技术对数据进行智能分析和挖掘，将处理后的数据以可视化的方式展示给用户，实现物品之间的自动化交互和协作。物联网的运行主要依靠以下几个部分。

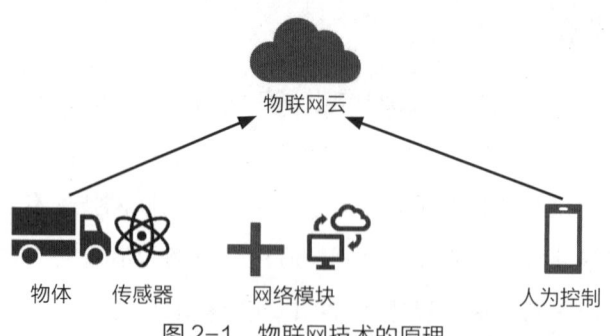

图 2-1　物联网技术的原理

（1）物联网云。物联网云是指通过互联网的云计算技术对物联网设备和数据进行管理与控制的平台。它通过统一的设备接口实现物联网设备与物联网云服务器的连接，收集和处理来自物联网设备的大量数据，并通过互联网向用户提供各种服务，具有极高的可扩展性和隐私安全性。

（2）物体及其传感器。物联网中的物体通常需要具备一定的感知能力和响应能力，以便与用户或其他物体进行交互。物联网传感器的种类繁多，功能丰富，可以采集各种环境参数，涉及温度、湿度、压力、光照、声音、气体、图像等多个领域，并通过网络将数据发送到物联网云。

（3）网络模块。物联网设备需要具备通信能力，以便与物联网云进行数据传输和控制。网络模块是实现这一功能的关键部分，它可以提供无线通信和有线通信两种方式，使得物联网设备灵活地与互联网连接。

（4）人为控制。物联网系统的用户可以通过各种终端设备，如应用程序（app）、短信等对物联网设备进行管理和控制。用户可以通过网络模块发送控制指令到物联网设备，对其进行调整或改变，以实现不同的功能和应用；也可以通过物联网云对设备和数据进行监控和管理。

实际上，物联网技术犹如一棵大树，各个物品犹如树叶通过树枝——传感器将每片叶子的信息传递至树干的互联网平台。从这个角度来说，物联网的本质就是在互联网的基础上，利用RFID、无线数据通信等技术，构造一个覆盖全球的物与物相连的网络。在这个网络中，各种物品和设备能够进行交流，而无须人为干预。其中，RFID是一种无线射频识别技术，可以通过无线信号进行非接触式的信息采集和识别。在现代工业技术领域中，RFID技术已经成为现代工业信息系统架构中不可或缺的重要组成部分。其作用主要体现在以下几个方面。

（1）追踪和监管。在国际航运物流领域，通过在集装箱内部安置RFID标签，可以轻松实现对货物信息的追踪和监管，从而提高物流运输的透明度，减少非法物品的运输。

（2）**自动化生产流程**。在制造业中，应用RFID技术可以实现自动化生产流程。在流水线上应用RFID技术，可实现物品的远距离识别，便于了解原材料消耗情况，减少人工投入成本，提高生产效率。

（3）**提高医疗质量**。当患者接受治疗时，医护人员只需用手持扫描器扫描RFID标签信息，就可以快速跟踪患者的医疗记录、药物使用情况、手术器械等。由于RFID设备可以做到精准秒读取，医护人员在抢救一些危急重症的急诊病人的过程中也会节约许多信息录入和确认的时间。

（4）**智能化管理**。在智能家居中，用户通过将RFID技术集成到智能家居设备（例如智能手机、钥匙、电子手环等），实现家居设备的自动化控制和智能化操作和设置。

（5）**防伪和安全**。RFID标签可以用于防伪和安全验证，例如五粮液在酒精饮料的瓶盖上应用了全球首个射频识别双频标签。该类型标签具有超高频读取距离、高频穿透力强、普及率高的技术优势。消费者只需要从具有NFC（近场通信）功能的手机上下载"五粮液防伪"app，就可以自行验证白酒的真伪。而且查询过程中不需要打开包装，保证了包装的完整性。

随着技术的不断进步，RFID技术的应用领域还将不断拓展，为更多行业带来更高效、更精准的管理方式。

2.1.3　物联网在港口集装箱运输与管理中的应用

集装箱的发明在航运领域具有里程碑式的意义。作为标准化货物运输单元的集装箱大大提高了货物在装卸和运输过程中的高效性与便捷性。物联网在港口集装箱的运输和管理中同样有着广泛的应用，以下列出其中一些主要应用方面。

（1）**集装箱信息追踪**。集装箱信息追踪技术是物联网在航运领域的重要应用。通过实时监控集装箱的位置和状况，企业可以更有效地管理其物流流程。传统上，集装箱跟踪和管理主要依靠人工检查和物理状况监测，但这种方法在效率和准确性方面存在显著局限。如图2-2所示，集装箱监控系统利用先进的物联网技术，如全球定位系统（GPS）、手机移动定位或卫星通信，实时跟踪集装箱。通过在这些集装箱上安装位置跟踪器，企业可以通过终端平台实时获取集装箱的位置、温度、湿度等重要信息。这些信息通过集中的数据平台进行收集、分析和显示，为企业在运输过程中做出明智决策提供有力支持。

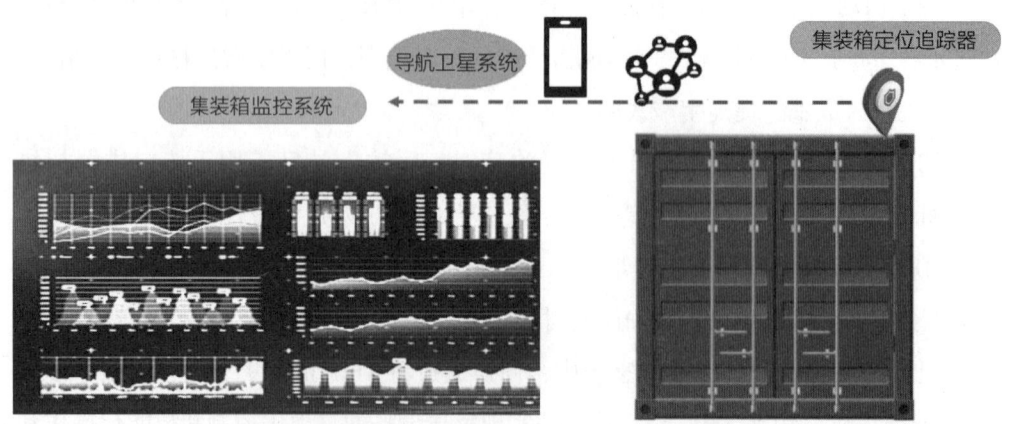

图 2-2　物联网技术在集装箱信息追踪方面的应用

通过使用物联网技术，企业不仅可以实时监测集装箱的运输状态，还可以对其运输效率和安全性进行有效管理和控制，大大提高物流过程的透明度和可预测性，从而降低企业的运营风险并提高客户的满意度。

（2）集装箱堆垛智能管理。传统集装箱堆垛存在操作效率低且易出现人为错误、堆垛设备自重较大导致无效运输和无效装卸的成本比例较大等诸多弊端。相比之下，物联网技术下的智能堆垛则展现出诸多优点。首先，智能堆垛能够实时监控集装箱的位置和状态，集装箱的唯一标识是基于产品电子代码的RFID标签，该标签利用微型芯片存储信息。它采用特殊的薄膜封装技术，使其体积大大缩小。随着自动堆垛技术的不断改进，堆垛成本也不断降低，智能化算法的应用使得智能堆垛机具有较高的自动化程度，如图 2-3 所示。通过为每个集装箱箱体引入RFID标签，将集装箱的箱号、货品信息、承运人、托运人、收货人、启运港、目的港等信息录入物联网系统，不仅能够显著降低人工堆垛的错误率还能提高空间利用率，数据将随着集装箱转移而实时更新，而且还能减少空箱返空的浪费现象。在物联网技术的助力下，智能堆垛能够实现数据采集、分析和存储的一体化，为港口的高效管理提供强有力的决策支持。

（3）港口集装箱装卸运输设备故障预警和维护。智慧港口的出现使集装箱装卸运输设备的故障预警与维护由传统港口的靠人工经验发现与维护转变为以RFID技术、传感器技术、无线通信技术等为主的集成应用。智慧港口的出现是港口发展历史上的重要里程碑。其建设目标聚焦于从本质上增强港口的安全性，凸显安全港口在港口整体发展中的关键地位。

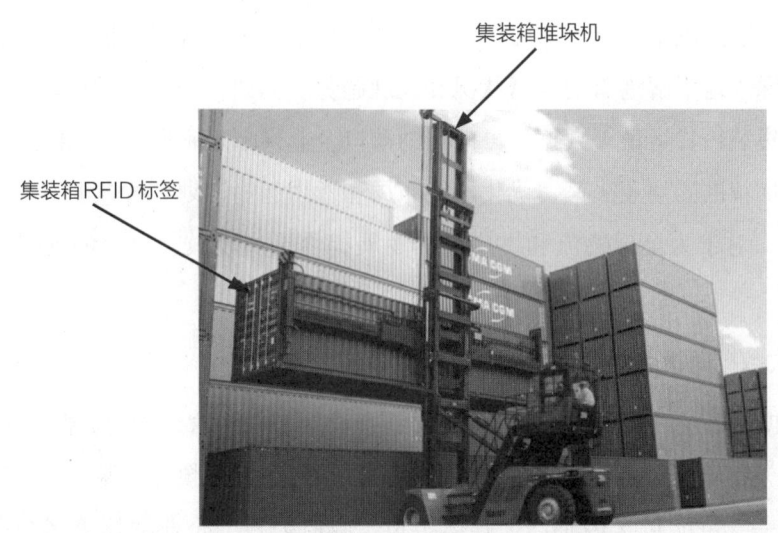

图 2-3　物联网技术在集装箱堆垛场景中的应用

通过在码头装卸运输设备上部署大量传感器和RFID标签，可实时监控集装箱和设备的状态。这些传感器可以监测货物温度、船舱湿度、箱体压力、振动情况等多种参数，并可以通过网络将数据传输到如图 2-4 所示的云平台总看板。在云平台上再通过机器学习算法等技术对收集到的数据进行智能化分析。通过对这些数据的分析，可以实现对港口设备的实时监测和故障预警。例如，如果传感器检测到某个集装箱内的货物温度异常升高，传感器可通过物联网立即发出预警并以短信、app 等方式通知相关人员进行处理，以防止集装箱内货物发生燃烧或爆炸事故。通过对平台收集到的历史数据进行挖掘和分析，还可以预测设备的使用寿命和可能出现的问题，提前安排维护和保养计划，避免设备在运行中出现故障。当数据中心发现异常数据或者预测到设备可能出现故障时可以自动派发维护任务给技术人员，实现远程故障预警和自动维护。这种智能化的维护方式不仅提高了设备的运行效率，也优化了维护过程的管理和控制。

集装箱装卸运输设备异常数量总看板			
模块	日发生故障数	已解决故障数	待解决故障数
设备异常	1	0	1
数据异常	2	1	1
质量异常	0	0	0

图 2-4　集装箱装卸运输设备异常数量总看板

2.2 大数据技术

在数据大爆炸的信息化时代，大数据的应用已渗透到生产生活的方方面面。在港航领域，通过收集、整合和分析港口运营过程中产生的各类数据，港口管理人员能够更加深入地了解港口的运营状况和发展趋势。例如，分析船舶靠岸次数、货物吞吐量、集装箱货运量等数据，可以帮助港口企业判断未来期货市场的运价走势进而制定更加精准的商业决策，优化航线布局和货物运输计划。智慧港口和大数据技术的结合，对于为全球物流和供应链的发展提供更加高效、可靠的支持具有重要意义。

2.2.1 大数据的来源与特点

大数据是海量、多种类型、复杂的数据集合，总体包含结构化数据（例如表格、数据库等）和非结构化数据（例如音频、文本、图像、视频等）两大类。这些数据的来源不一，可能包含传感器、媒体报道、政府公报、企业数据等多个渠道。如表2-1所示，港口大数据来源的主体包含行政主管及公共服务部门、物联网、业务部门、第三方、互联网等，涉及海关、海事、港航企业、仓储物流企业和货运代理企业、第三方媒体等众多主体；数据类型主要包括数值、文本、图片、视频、船舶自动识别系统（AIS）数据、卫星定位数据、地理信息系统（GIS）数据等，可通过电子数据交换（EDI）系统、RFID设备和AIS等采集。[27]

表2-1 港口大数据的来源

数据源	数据内容	数据类型	获取方式	更新频率
行政主管及公共服务部门	行业监管数据、港口统计数据、港口监测数据和气象水文数据等	数值、文本、图片和AIS、GIS数据	官方网站、共享接口、定向发布（年报等）	定期
物联网	码头、堆场仓库、拖车等装卸运输设备的现场作业数据等	数值、文本、图片、视频和AIS、GPS、GIS数据	感知设备、检测设备	实时
业务部门	业务数据、商务数据、财务数据等	数值、文本、图片	系统生成、分析和统计	实时
第三方	贸易数据、腹地运输数据、金融数据、货物数据等	数值、文本、图片和AIS、GPS数据	共享接口	实时
互联网	行业数据、宏观经济数据等	数值、文本、图片	网络爬虫	不定期

规模性（volume）、多样性（variety）和高速性（velocity）是目前广受认可的大数据特点，也被称为3V定义。[28] 根据这一定义，大数据的特点可以进一步概括为四个方面。

（1）**数据量巨大**。随着信息技术的不断发展，企业和机构在运营过程中产生了巨量的数据，这些数据的数量往往达到数十亿条甚至数百亿条，单靠人工难以收集和统计分析。

（2）**数据种类繁多**。由于数据源的多样性，大数据的种类也包含结构化数据、半结构化数据和非结构化数据等多种类型，不同类型的数据在形式、内容和格式上各有不同，这也给数据的处理和管理工作带来了不小的挑战。

（3）**数据产生速度快**。大数据的产生速度非常快，通常以每秒数千条甚至数万条的速度增长，对于数据的处理和管理需要高效、快速的方法和工具。

（4）**数据价值密度低**。虽然大数据的数量巨大，但并不是每一条数据都有价值，真正有价值的信息可能只占其中的一小部分比例，这就要求在处理大数据之前进行必要的数据清洗，筛选出其中正确无误且有价值的数据。如何有效提取和利用这些有价值的信息也是一个重要的挑战。

2.2.2　大数据技术的预测原理

预测原理是大数据技术中的核心原理之一。预测原理是利用数学算法对海量数据进行处理进而预测事情发生的可能性。预测原理也得益于网络信息技术的不断进步和数据量的爆炸式增长。在大数据规律面前，每个个体的行为都与其他个体相似。因此，大数据预测可以去除主观性，让数据自身说话。大数据预测是一种强大的工具，它通过对大量数据的分析和挖掘，寻找数据中的模式和规律，从而对未来进行预测。这种预测原理的实现过程可以概括为如图2-5所示的数据收集、数据预处理、特征提取、模型构建、模型训练、模型评估、模型应用等七大步骤。

通常采用基于概率的统计模型或机器学习模型来进行大数据预测。这些模型可以处理大量的数据并从中提取有用的信息。同时，这些模型也能对新采集的数据不断进行学习和训练优化，以提高模型预测的精准性。大数据的预测通常可分为如图2-6所示的黑箱模型和白箱模型，以及基于这两者演化而来的灰箱模型三种类型。

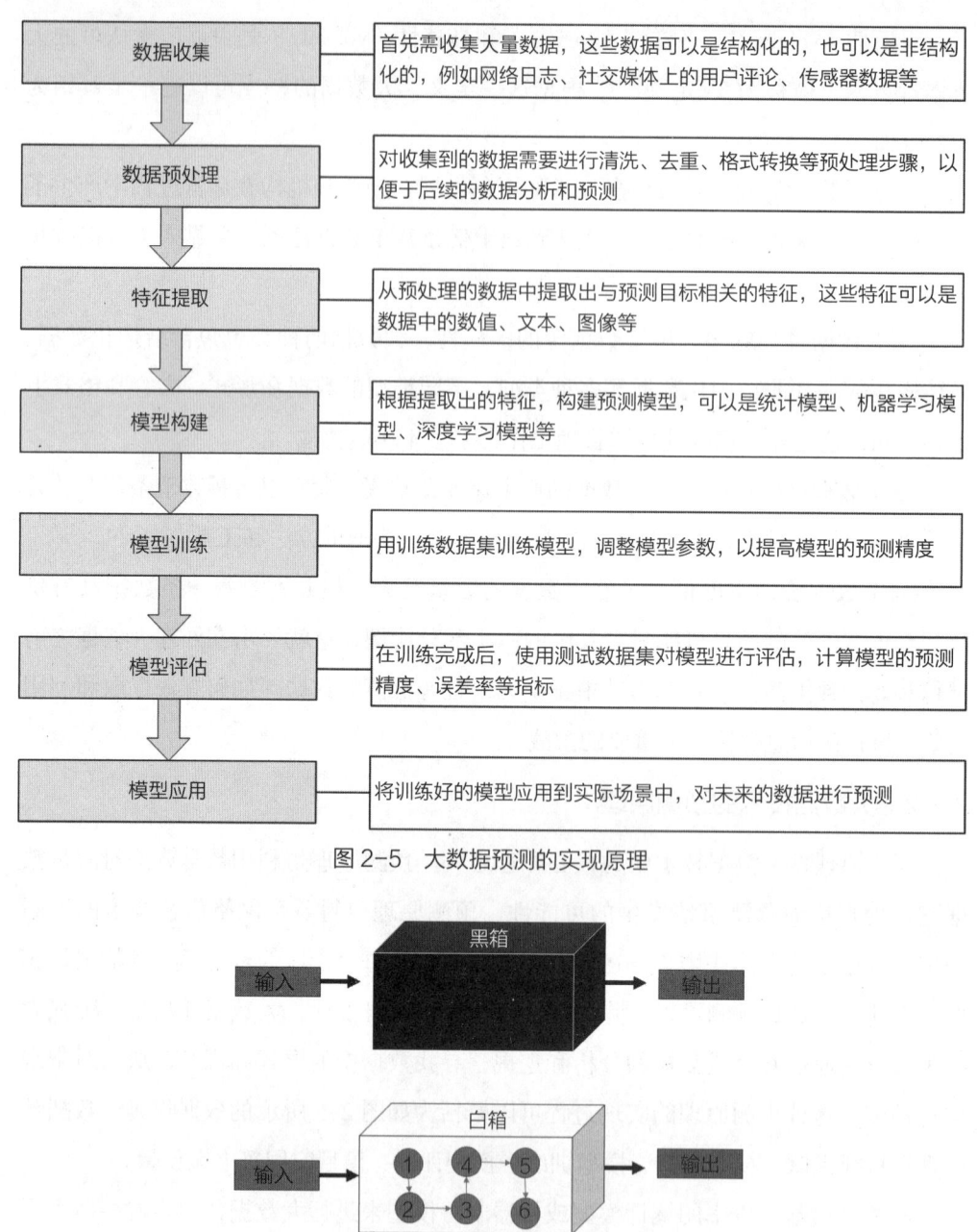

图 2-5 大数据预测的实现原理

图 2-6 黑箱模型与白箱模型示意

黑箱模型是常见的一种大数据预测方法。该模型主要通过大量输入、输出数据的方式找到合理推算的系统模型。顾名思义，在这种情况下建立模型并不需要了解系统内部的具体逻辑和结构，而是通过数据输入和输出的关系来预测输出结果，整个数据处理过程犹如在一个黑暗的箱子中秘密进行。这种方法在处理复杂系统时可能会受到限制,但由于其简单性和易用性,在很多场合下仍然被广泛使用。相反,对于某些具有较强规律性和可预测性的系统,则可以使用白箱模型进行预测。白箱模型要求对系统的内部逻辑结构有全面的了解,然后通过严密的数学模型来应用求解。白箱模型预测精度通常较高,但需要有大量的专业知识和经验来构建和理解模型。灰箱模型是介于黑箱和白箱之间的模型,适用于那些可部分观测的系统。这种方法需要对系统的某些部分有深入的了解,但不必像白箱模型那样对所有逻辑路径进行深入测试。灰箱模型既可以关注数据输出、输入的正确性,也可以关注内部的运行状态,但这种预测过程不如白箱那样详细、完整。在大数据预测中,这三种模型都有其适用范围和局限性,需要根据具体问题和数据的特点来选择合适的模型。

总之,大数据预测原理是通过挖掘数据中的模式和规律,利用机器学习和人工智能等技术建立预测模型,从而对未来进行预测的一种方法。这种方法广泛应用于金融、医疗、交通等多个领域,帮助企业和决策者做出更加科学和准确的决策。在智慧港口领域,利用物联网技术收集港口各个重要节点和监测设备的数据,并利用云计算和大数据分析技术对这些数据进行处理与分析。通过机器学习和预测算法,智慧港口可以模拟和预测港口运营情况,为管理者提供决策支持。

2.2.3 大数据在港口安全预警与决策中的应用

在以前,港口工作尤其是码头一线工作是一项高危工作,码头工人在工作时时刻承受着被货物、设备等误伤的风险。港口安全预警要求港口在运营过程中对可能存在的安全风险进行监测、识别、分析和评估,及时采取相应的预防和应对措施,以保障港口生产的安全和稳定。随着港口信息化程度的不断提升,大数据技术可以对收集到的海量数据进行高效、准确、快速的处理和分析,帮助港口管理人员更加全面、精准地掌握港口的安全状况,提高安全预警的及时性和准确性。大数据在港口安全预警与决策中的具体应用如下。

(1)**数据驱动决策**。大数据技术可以帮助港口企业在设备维护、货物运输、人力资源管理等多个方面做出数据驱动决策。通过分析挖掘大量数据找出人工难以发现的、隐藏在大量信息中的规律和趋势,为决策提供更为科学和准确的依据。如图2-7所示的是广州港基于大数据的散杂货港口提货风险预警系统项目[29],系统通过采用浏览器/服务器系统架构、最新型手持设备连接5G网络,实现船边前沿理货与后台系统之间的数据实时传输,快速准确记录和分析理货进度情况,避免作业过程中的重复性操作，有效减少人工作业，有助于散杂货理货作业动态管理。依据散杂货在港车辆总数、布控车辆总数、预警总次数、被抓车辆总数等提货业务数据资源，分析车提风险和港口疏运数据，通过大数据排查可能存在风险隐患的车辆进而输出预警信息，提升风险防控的精准度和业务管控水平。目前，广州港散杂货数字化理货系统已在粮通、黄埔、新港、新沙等散杂货码头实现全覆盖推广应用，理货方式由传统纸笔手工作业彻底转变为数字化手持终端作业，理货数据实时传输、全程可追溯，实现了散杂货理货作业管理数字化。同时，该系统还将理货数据统一储存，实现多个端口查询追溯理货数据功能，客户可实时查询理货作业进度、理货流程、货物状态等提单信息，且每一票货物均可全程追溯，降低错误交货的风险，提高理货质量和效率。[30]

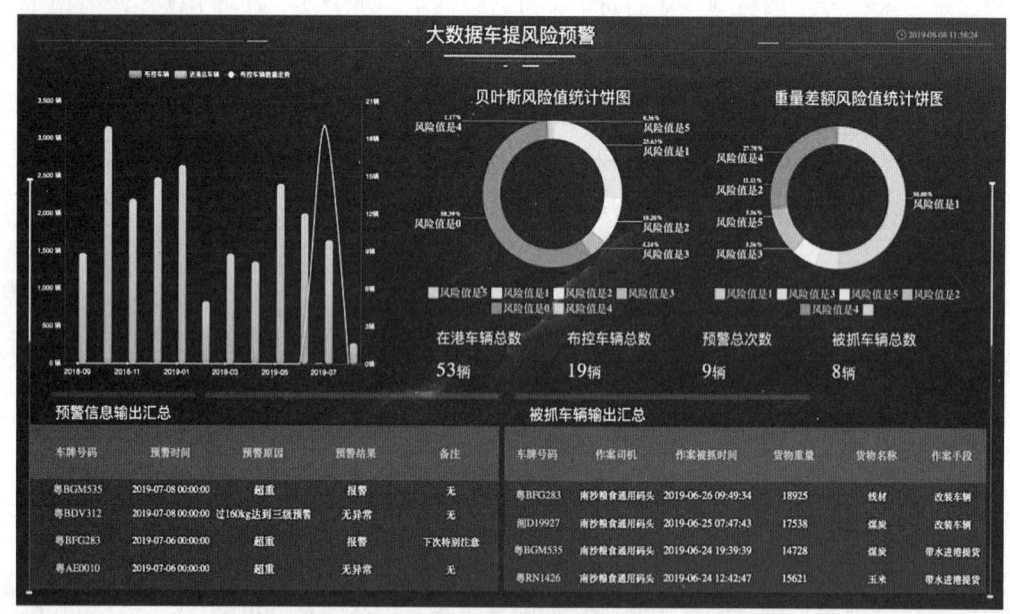

图2-7　广州港散杂货港口提货风险大数据预警系统

（2）**实时监控与预警**。依靠软件层的云平台和硬件设备，大数据技术可以实现港口的实时监控和预警。例如通过物联网技术，收集港口各种设备的安装日期、维护日期、运行状态等信息，再利用大数据分析技术及时发现设备故障的迹象并在用户端发出预警信号，从而避免设备在运营中出现故障。

（3）**数据挖掘与分析**。大数据技术可以对港口的大量数据进行挖掘和分析，提取出有价值的信息。例如，通过对船舶靠泊次数、货物吞吐量、资金周转情况、港口拥堵情况、货物装卸时间等数据的分析，港口管理层可以更好地了解港口的运营状况和预测未来发展趋势，从而制定更为精准的商业决策。

（4）**优化调度与资源配置**。2021年"长赐号"货船导致的苏伊士运河拥堵事件，以及胡塞武装对地中海红海区域的干扰等，使得许多货主和船企承受了巨大的经济损失。港口运营的稳定性和效率至关重要，特别是在不少国际大港，由于泊位资源有限，加之地区政治和安全因素的干扰，港口拥堵问题越发凸显。大数据技术在此背景下显得尤为重要。通过对船舶靠泊历史数据、实时位置信息以及地中海红海区域的安全动态等多元数据的深入分析，港口管理层可以更加精准地预测和评估港口的运营状况。这不仅有助于优化泊位分配，更能实现人力、物力的高效调度，确保在复杂多变的环境中，港口资源能够得到最合理的配置。

（5）**冷链物流监测**。生鲜冷链物流要求货物在运输过程中的温度、湿度等都维持在规定的数据范围内，大数据技术结合传感器技术可做到对温度和湿度进行实时监测，确保药品、生鲜食品等货物在远洋海运的跨洲际长距离运输过程中不损坏。通过对大量数据的分析和挖掘，预测货物的到达时间和数量，帮助企业提前做好接卸和仓储准备。

综上所述，大数据在港口安全预警与决策中的应用可以帮助港口企业提高运营效率、降低成本、增强安全性并提高竞争力。

2.3 5G

5G具有传输快、延时低和广域覆盖等优势。智慧港口是在数字化、自动化和智能化背景下，结合资源优势，进一步发展演变的一种港口运作模式。在5G网络的助推下，智慧港口将加速航运业的智能化和信息化发展，对我国交通强国事业的建设具有重大意义。[31]

2.3.1 5G的优点

近年来伴随5G的飞速发展，各种智能终端的普及也正向推动了移动数据流量的爆炸式增长。5G相比4G具有更高的数据传输速率、更低的延迟、更大的网络容量和更广的网络覆盖范围。其具体可概括为以下几个方面。

（1）**高速率、高带宽**。5G使用更高的频段和更大的带宽，可以为用户提供最高100 Gbps的传输速率，比4G的速率高很多。

（2）**低延迟**。5G具有更低的延迟，可以实现更快的响应，帮助港口工作者在集装箱智能装卸、智能理货、港机远控等方面更好地满足实时应用的需求。

（3）大容量。5G具有更大的网络容量，可以支持更多的用户连接，例如在拼箱业务中，一箱货的货主和收货人有可能包含多个，5G的接入可以支持货物多个相关方接入货物运转信息，并且更好地满足大数据处理的需求。

（4）广覆盖。5G可以使用高频段和毫米波频段，提供更广的覆盖范围，从而更好地满足偏远地区和室内环境下通信的需求。在自动化码头，借助5G广覆盖的特点，工作人员在百米外的工作室即可轻松操作吊机进行货物装卸作业。

（5）高可靠性。5G可靠性更高、卡顿率更低、网络稳定性更高，因此可以更好地满足工业物联网、远程医疗手术等关键、高精准业务的需求。

2.3.2　5G的原理

5G依赖于高频传输技术和密集网络技术两大技术原理，摆脱了原有4G模式的限制，将速度提升至原有模式的百倍。其中，高频传输技术是指利用高频段频谱资源进行信号传输的技术。在5G中，高频段频谱资源例如毫米波频段等被广泛利用，这些高频段频谱资源具有带宽大、频谱宽、传输速率高等优点，能够满足5G对于高速、大容量数据传输的需求。密集网络技术是指通过增加基站数量和分布密度来提高网络覆盖面积和容量的技术。密集网络技术被广泛应用在包括宏基站、微基站、微微基站等多种类型的基站当中。这些基站通过密集分布和协同工作，能够消除网络部署中的盲点，提高信号覆盖面积和网络容量，满足5G对于大规模、高密度用户的需求。[32]除了高频传输技术和密集网络技术，5G还采用了新型调制解调技术、智能天线技术、网络切片技术等多种先进技术。下面是对其中一些主要技术原理的简介。

（1）频谱。相比4G的低频段，5G使用了诸如24～100 GHz的更高频段的毫米波频谱资源，可以提供更大的带宽和更高的传输速率。这些高频段虽然可以提供更大的带宽，但同时也存在信号衰减快、传输距离短等问题。因此，5G需要使用更多的基站和传输设备来覆盖更广的区域。

（2）MIMO（多入多出）技术。MIMO技术利用多个天线的空间自由度实现并行传输，从而提高数据传输速率和可靠性。将信号分散到多个天线中进行传输，可以增加信号的覆盖范围并减少信号之间的干扰。此外，MIMO技术也能够利用空间复用技术以保证更高的信号传输速率。

（3）波束成形技术。波束成形技术通过控制信号的相位和幅度，使信号能量集中在一个方向上实现数据的定向传输，从而提高信号传输的覆盖范围和抗干扰能力。在实际应用中，波束成形技术可以通过智能算法自动调整信号的相位和幅度，以达到最优的信号传输效果。

（4）**网络切片技术**。网络切片技术是5G的一项创新技术，它可以将网络资源按照不同的需求进行划分，将网络资源划分为多个独立的虚拟网络切片，每个切片可以独立地运行和管理，从而实现网络资源的灵活分配和高效利用，满足不同业务场景的需求。

总之，5G的原理是通过多种先进技术的结合，实现高速、大容量、低延迟的数据传输，满足大规模、高密度用户的需求，5G的出现极大地推动了物联网、人工智能等领域的快速发展。

2.3.3　5G在港口无人驾驶与远程操控中的应用

自动化集装箱码头通过引入AGV、智能导引运输车（IGV）、无人集卡等无人驾驶设备进行集装箱的运输。这些现代化设备可以24小时不间断地工作，它们会自动导航至目标货物后将其运输到指定的位置。它们可以在货船、集装箱和集卡之间移动，极大地解放了生产力，无人码头的平稳有序运营与5G的商用密不可分。借助5G网络的低延迟和高可靠性，码头操作人员依靠电脑就能够轻松实时地操控和传输指令到无人集卡、集装箱起重机、AGV等设备上，实现设备的远程操控。5G的应用对于复杂的、需要精细协调的港口作业场景非常有利。由于5G的高速率、低延迟特性，港航设备间的互联互通将更加顺畅。在船舶操控方面，以往由于网络延迟，船舶在运输过程中有操作指令存在偏差、信号接收差、实时监控画面出现延迟等问题，这不仅影响作业效率，更缩短了操作人员对危险的反应时间，造成了安全隐患。借助5G，操作者可以通过无人机、高清摄像头等设备拍摄的实时回传的现场视频，获取直观、准确的现场信息，提高决策的准确性。目前，新加坡港口、荷兰鹿特丹港口、上海洋山港等众多港口集团均已完成智慧港口的5G应用，而且部分港口已经开始尝试6G的相关探索工作。

在船载5G网络方面，5G能够对轮机状态、船舶油耗情况及碳排放情况进行全方位数据采集与监测，进而通过船岸高速网络实现监测数据的及时回传，提高远洋驾驶的安全性。[33] 在岸基协同作业方面，5G网络的低延迟和高可靠性，可以实现不同设备、不同区域之间的协同作业，例如无人驾驶的集卡与自动驾驶的集装箱起重机的协同作业，或者不同AGV之间的协同作业，提高整体作业效率。

2.4 人工智能技术

随着ChatGPT（OpenAI开发的语言模型）技术的火爆，人工智能正引领新一轮的科技革命。无论在日常家居还是学习生活中，人工智能都占据着越来越重要的地位。

2.4.1 人工智能的概念

人工智能（artificial intelligence，AI）是将数学、哲学、神经科学、计算机科学、语言学等多个学科交叉融合的新兴学科，是研究、开发用于模拟人类思考和行为、延伸和扩展人类的智能理论、工作方法、工艺技术及应用系统的一门新兴技术科学。人工智能的出现正掀起新一轮科技革命和产业变革，对许多行业和领域都产生了深远的影响。

图灵测试是与人工智能和机器人伦理相关的重要概念。如图2-8所示，1950年，阿兰·图灵提出了认定机器智能的"图灵测试"，目的是判断一台机器是否真的具备与人类相似的思考行为。基本测试方法是在将参与测试的人类评估者与另外一位被测试者和一台被测试的机器相互隔开的情况下，使用键盘等机械装置随意向被测试者提问，如果有超过30%的测试者无法确定被测试者是真的人类还是一台机器，那么这台被测试机器就被判定为通过了测试并被认为具有人类智能。图灵测试为人工智能的发展奠定了重要的理论基础，并对人工智能的早期发展产生了深远的影响。

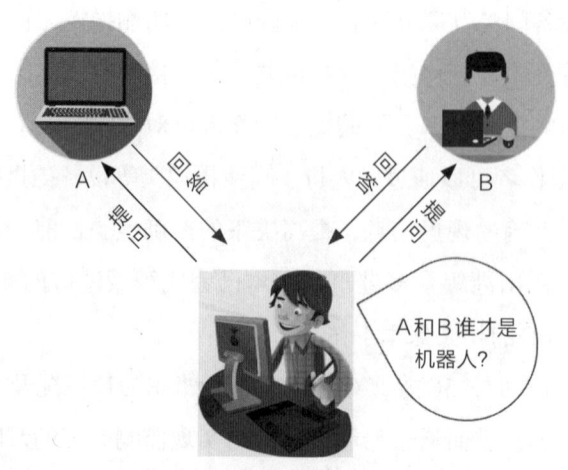

图2-8 图灵测试示意

虽然图灵测试在人工智能领域有着广泛的应用和深刻的影响，但需要指出的是，图灵测试并不能完全评估出人工智能的能力。人工智能能力的高低包含许多不同的维度，例如语言能力、问题解决能力、创造力和社会价值等，这些维度都需要不同的测试方法来评估。所以仅仅依靠图灵测试结果判定人工智能的能力是非常片面的。

按照人工智能机器是否可以产生自我认知，可将人工智能分为具有一般人类智慧的通用人工智能和面向特定任务场景的专用人工智能。通用人工智能可以执行人类能够执行的任何智力任务，代表了人工智能领域的一种全局性把握和最高级的发展阶段，具有类人级别的自我认知和思考能力。专用人工智能则由于任务单一、需求明确、应用边界清晰、领域知识丰富、建模相对简单，在局部智能水平的单项测试中甚至可以超越人类智能。但是，它并不具备自我认知和思考能力，只能在特定的应用领域内发挥效果。

目前，通用人工智能仍然处于研究和初步探索阶段，而专用人工智能已经得到了广泛应用。随着技术的不断进步和应用需求的不断变化，专用人工智能也会不断演进和发展，最终实现通用人工智能的目标。虽然人工智能已经取得了很大的进展，但是它还是一个极富挑战性的领域。目前，人工智能技术所引发的社会伦理和隐私安全等问题也受到越来越多人的关注，因此需要建立完善的人工智能伦理规范和监管机制。随着技术的不断发展和应用场景的不断扩大，人工智能将在未来的发展中发挥更加重要的作用。

2.4.2 人工智能的核心技术

自然语言处理、计算机视觉和机器学习是人工智能的三大核心技术。

（1）**自然语言处理**。自然语言处理主要研究如何让计算机理解和处理人类语言。自然语言处理领域包括文本分析、文本生成、语言翻译、语音识别和对话系统等研究方向。垃圾邮件过滤是自然语言处理的一个重要应用。垃圾邮件通常包含广告、病毒、商业杂志等各种内容。这些邮件通常具有批量发送的特征，不仅占用邮箱存储空间，而且会造成服务器拥堵，甚至包含病毒或恶意链接，对接收者的电脑和信息安全构成威胁。垃圾邮件过滤器是一种软件或服务，通过分析邮件的文本内容、发件人信息、接收者的邮件列表关键字等多方面信息识别哪些邮件是垃圾邮件，并将其拦截或放入接收者邮箱的垃圾邮件文件夹中。这样，接收者就不会被垃圾邮件打扰，从而可以更加专注于接收真正的邮件。一些垃圾邮件过滤器还采用了人工智能和机器学习技术，通过对大量垃圾邮件和正常邮件的样本进行分析和学习，不断提高识别垃圾邮件的能力。这些过滤器可以识别出各种复杂的垃圾邮件特征，如拼写错误、异常的邮件标题、非正常的邮件格式等，从而更有效地拦截垃圾邮件。

（2）**计算机视觉**。计算机视觉使计算机具有像人一样的可以识别、理解、分析图像和视频等视觉信息的能力，其核心技术是图像识别和模式识别。计算机视觉的应用非常广泛，包括智能安防、智能驾驶、智能零售和医学影像分析等。例如，一些银行营业厅通常在大堂安装AI摄像头，当客户走进大堂时，计算机便对AI摄像头抓拍下的客户人脸图像进行分析，判断该客户的信用资质以及是否属黑名单人员等。在智慧公安领域，通过摄像头结合步态识别算法，计算机便能对犯罪嫌疑人和行人的步态进行甄别，为案件破获提供有力帮助。如图2-9所示的人脸识别技术是计算机视觉的一个关键子领域。人脸识别是一种从图像或视频中识别和验证人类脸部的技术。目前，人脸识别技术已应用于访问控制、安全监控、人机交互等多种生活场景。

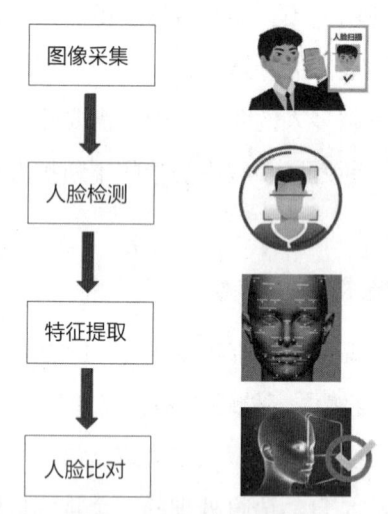

图2-9 人脸识别技术

（3）**机器学习**。机器学习可以让计算机模仿人类行为从数据中自动学习并进行预测和决策。机器学习在推荐系统、数据挖掘、预测分析等领域有着广泛应用。在机器学习当中，决策树是一种常见的用于分类问题的监督学习算法。决策树的主要思想是通过一些简单的规则对数据进行划分，形成树状结构。这个过程从树的根开始，一个节点表示一个特征或属性，然后根据某种策略（例如信息增益、基尼不纯度[34]等）进行切分，直到达到代表一个类别或预测值的叶节点。在实际应用中，决策树可以用于预测风险、信用评分、推荐系统等。

2.4.3 人工智能在港口智能调度中的应用

港口智能调度是指借助人工智能技术对港口货物、集卡等进行智能调度，最大限度地提升港口吞吐量，提高港口货车出入闸口通行质量等方面的应用。

首先，人工智能技术可以通过对历史数据的分析预测货物的到达时间与交通状况从而实现对货物运输的提前规划和调度。例如，在实际业务中，人工智能通过对历史数据的分析，可以预测货物的到达时间，从而方便托运人或收货人提前安排货物装卸和运输资源，保证高效的卸货和装载作业。这种智能化的调度方式能够大大缩短货物的转运时间，提高港口的货物处理能力，为全球贸易提供更快速、可靠的物流服务。

人工智能技术也可以通过智能驾驶和自动化装卸设备，提高生产效率和安全性。人工智能技术助力下的智能驾驶技术使港口车辆可以自动导航、避障、避堵，提高运输效率，自动化装卸设备也可以减少人力操作，降低工作强度和错误率，提高工作效率和安全性。此外，人工智能技术还可以在港口的安全监控中发挥重要作用。例如，通过人工智能的图像识别技术，港口安全监控系统可以对大量的监控视频进行实时分析，准确地判断是否存在安全风险，从而及时采取相应措施。这些技术的应用可以有效预防恶意破坏和不法行为，维护港口的安全和稳定。

人工智能技术在港口的决策和管理中也发挥着重要作用。例如，人工智能可以通过对运营数据的分析，更准确地评估运营成本、资源利用率等关键指标，利用决策树为决策者提供数据支持；同时，人工智能还可以通过对历史数据的学习和模式识别，提供预测性的信息，帮助港口管理者做出更合理的规划和战略安排。这种智能化的管理方式将提高港口的运营效率和资源利用效率，推动整个港口行业的可持续发展。以集装箱的智能配载为例，其发展主要可以分为人工配载、计算机辅助配载、智能配载三个阶段。2000年以前，集装箱码头的配载模式主要是人工配载；2000年以后出现了计算机辅助配载系统，近年来逐渐向智能配载发展。智能配载指的是由人工智能算法模拟集装箱码头配载员的思路与方法，综合考虑设备情况、任务分布、堆存状态、翻箱次数等因素，根据预配载图、船舶适航要求及码头作业要求，自动地把预定装载出口的集装箱配载到目标船箱位上的决策过程。[35]

综上所述，人工智能在港口智能调度中的应用可以在各个环节提高港口的效率和服务质量，推动港口行业的智能化发展。

本章课件

第 3 章
智慧港口建设模式

　　近年来，一些国际和国内的先进港口都开始先后尝试进行智慧化建设。但由于每个港口的实际情况不同且缺乏统一的建设标准和完整的成功案例，每个港口都需要根据自身情况量体裁衣，打造出适合自己业务发展的智慧港口特色。

　　基于港口发展的阶段性特点，以及所需的技术、设施和服务等因素，智慧港口建设模式通常可划分为新建模式、改扩建模式和升级改造模式。根据港口实际情况，这三类模式在智慧港口的建设过程中具有不同的特点和实施方式、适用范围及风险，因此港口高层管理人员需"因港制宜"选择适合的建设模式。

3.1 新建模式

3.1.1 新建模式的含义

如图 3-1 所示,根据联合国贸易和发展会议(UNCTAD)数据统计,2018—2022 年的全球货物贸易额总体呈现上升趋势,但受全球疫情的影响 2020 年出现了一定波动,随后一直保持较好的增长势头。2023 年第二季度的全球货物贸易额约为 6.1 万亿美元,基本与第一季度维持在相同水平。此外,克拉克森数据显示,按总吨计算,截至 2023 年 8 月,中国船东所持有的船队规模达 2.492 亿总吨,占市场份额 15.9%。全球贸易量的不断增长也推动着航运业的快速发展,港口货物吞吐量的迅猛增加对港口的运营水平提出了新的挑战。

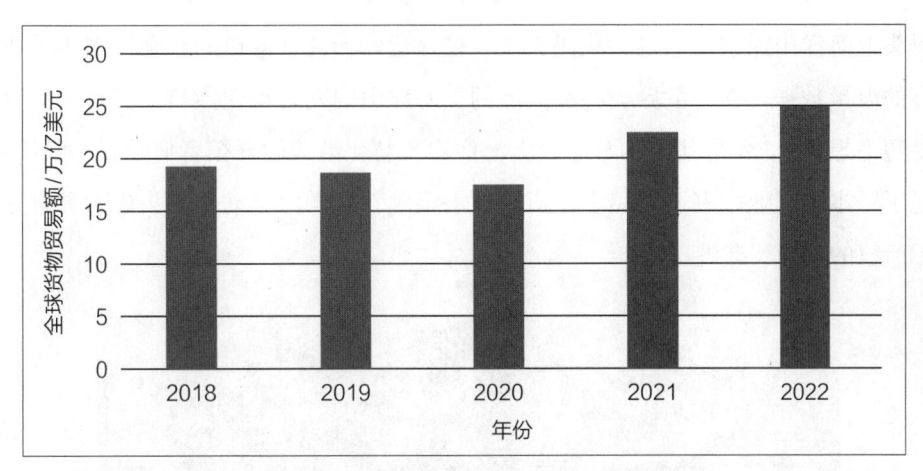

图 3-1　2018—2022 年全球货物贸易额

数据来源:UNCTAD

智慧港口的新建模式是最具创新性的方式之一。新建模式是指在一片空地上从零开始规划、设计和建设全新的智慧港口。这种模式完全按照最新的施工技术和设计理念进行建设,能够最大限度地实现港口业务与管理的智能化和自动化,提高港口效率,同时也可以避免对原有港口设施的拆迁,旨在打造高度自动化、智能化的港口基础设施。近年来,自动化的集装箱堆垛和运输系统、智能船舶、无人驾驶的集装箱牵引车、无人机等现代化设备的应用,以及数据挖掘和人工智能算法的优化等新建智慧港口的运行为港航产业注入了新的力量。这些技术的不断发展极大地提高了港口效率。然而,这种模式也存在技术复杂度高、实施难度大、投资成本高等缺点。

3.1.2 新建模式案例——上海港：全球最大自动化集装箱码头的新生

早在20世纪80年代，上海就开始寻址建设深水良港，最终在1995年9月将目光投向了洋山。上海市向国务院上报的《洋山港初步规划工作大纲》提出要在大、小洋山岛建设集装箱枢纽港的设想。那里的水深达16米，有大片处女地可供建设专业集装箱泊位。20多年里，洋山港分四期进行规划建设。

如图3-2所示，洋山四期码头设在东海大桥南面，位于洋山港西侧区域，占地面积约为223万平方米，从规划建设到开港用时3年。规划之初，就明确提出要将上海洋山自动化码头建设成为集智慧港口、绿色港口、科技港口、效率港口于一体的特色港口。从2014年12月项目全面开工到2017年12月10日，经过3年的艰苦努力和18个月的设备调试，全球具有完全自主知识产权的规模最大的自动化集装箱码头上海洋山深水四期自动化码头正式投入运营。智慧港口的复杂性在于其背后拥有的海量数据。作为世界级超级大港的上海洋山四期自动化港口，其系统的复杂程度超乎想象。3年的研发历程中，上海洋山智慧化港口的开拓者们凭着一股钻劲，翻烂了一本本行业图书、攻克了一道道技术难题，使洋山自动化码头成为具有完全知识产权的中国智造港口。

图3-2 施工期间的洋山深水码头

上海洋山四期码头共建设集装箱泊位7个、集装箱码头岸线总长2350米，在2017年12月试生产期间港区的16台桥吊、88台轨道吊、80台自动导引车全部投产，码头单日最高吞吐量达到14451 TEU。2018年12月25日，上海市交通委员会组织对洋山深水港区四期自动化码头进行了竣工验收。经核定，码头可以安全可靠地服务15万吨级大船。[36]

新型科技化的上海洋山四期码头与我国之前建成的自动化码头的不同之处在于以下几方面：第一，它是目前全球规模最大的智慧化港口，洋山港四期工程一次性建成5个5万吨级和2个7万吨级共计7个泊位和1个工作船泊位，投资总计达128.48亿元。第二，它是全球综合自动化程度最高、设备最先进的港口，自动化双箱轨道吊由振华重工自主研发，岸桥全部实现全自动控制，创新程度高。每个码头都配置了2台自动堆垛起重机，它们与码头两端的自动吊车相互配合工作。[37]为了提高载货能力，该港区采用码头沿岸线垂直排列的多排集装箱码头布局模式。港区陆侧轨道吊也具备集装箱自动着地的能力。[38]第三，该码头配备了由振华重工自主研发的设备控制系统（ECS）和上港集团研发的码头操作系统（TOS），意味着我国在自动化集装箱码头核心技术的实践探索中取得了阶段性进步。电力驱动技术、新能源系统、岸基供电系统等技术的研发应用也标志着我国在绿色港口建设方面取得了重大进展，为以后的新建自动化港口模式提供了"中国方案"。自动化集装箱码头基本架构如图3-3所示。

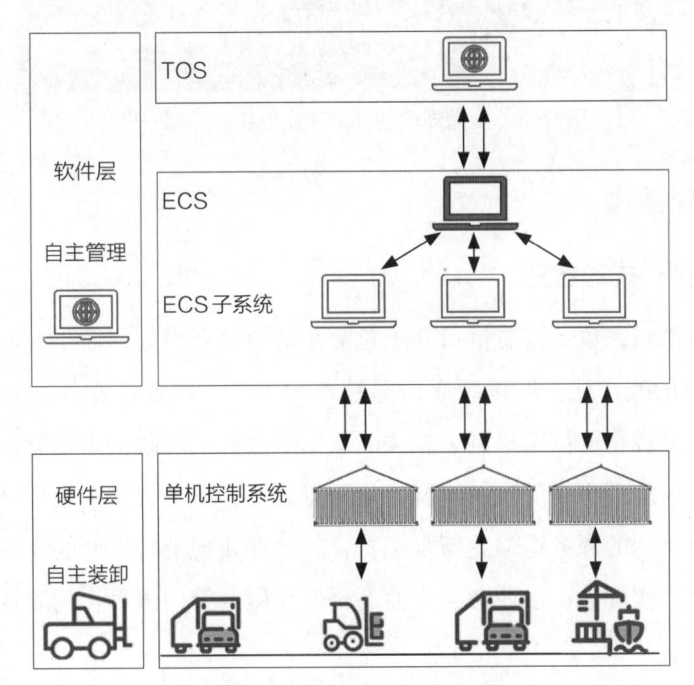

图3-3 自动化集装箱码头基本架构

2022年9月30日，洋山四期迎来了开港以来的第2000万个标准箱。从如图3-4所示的2017年开港时的第一个集装箱被成功吊起，到如今的第2000万个标准箱，洋山四期规模不断扩大，作业能级大幅提升。集装箱吞吐量在2018年达到了

201万TEU，2021年实现了翻倍增长，达到570万TEU，整体作业能级可达到630万TEU，全面超越了项目初期设计吞吐能力。由于全自动轨道吊靠激光雷达、磁钉及FLAG定位板进行作业定位，不需要灯光、不受外部天气环境的干扰，因此，如此现代化的洋山四期码头集装箱堆场作业区到晚上反而黑漆漆的。目前，洋山四期三大设备数量较开港初期翻了3番，在节约人工70%的同时，效率却提高了30%。桥吊单机作业效率每小时高达63.88 TEU，单船平均最高作业台时量58.28 TEU，生产指标屡创新高，劳动生产率达到传统码头的213%。[39]

图3-4 上海洋山四期自动化码头装卸第一箱

3.2 改扩建模式

3.2.1 改扩建模式的含义

对于多数港口来说，智慧港口并不是完全放弃已有设施，而是在原有的基础之上，进行港口的改扩建，即以新兴信息技术为手段，以港口业务新发展为主要动力，以不断完善优化的体制机制、相关的法律法规和发展政策为智慧港口建设提供强有力的保障，实现更高层次的资源优化配置，在新型平台上满足新型服务港口业务要求，具有鲜明的服务运输业新常态特征，比如实现港口生产的全自动化，通过智能化操作平台实现多层次业务、全面的个性化服务管理体系、高质量低风险的保障措施等。[40]

改扩建模式适用于已建成的港口，以局部改造和升级为主，具有投资成本和实施难度相对较低，以及有效利用现有资源、避免重复建设的优点。但可能受到原有设施和业务流程的限制，在改扩建过程中要注意加强技术研发和引进，提高技术实施能力，同时建立多方协调机制，加强与政府部门、货主、码头经营方等利益相关方的合作和沟通。

3.2.2 改扩建模式案例——青岛港：老港区焕发新活力

青岛老港区，位于青岛市的核心地域，自 20 世纪 70 年代以来为青岛市的经济繁荣做出了重大贡献。然而，随着全球贸易环境的变化以及其港口的发展，青岛老港区的运营逐渐面临设备老化、装卸效率低下、安全隐患增加等诸多挑战。这些问题迫切需要寻求解决方案，以确保青岛港的持续繁荣和发展。为了解决这些问题，青岛港对港区进行了改扩建，项目的目标是让青岛港在保持原有装卸运输功能的同时，更加现代化、高效化和安全化。

2023 年 3 月，《青岛港总体规划（2035 年）环境影响报告书》第二次公示对外发布，该总体规划提出打造"一湾两翼辖六区"的总体发展格局，即青岛港将环胶州湾、南翼董家口和北翼鳌山湾布局发展，下辖老港、黄岛、前湾、海西湾、董家口和鳌山湾共六大港区，其中前湾、董家口和鳌山湾为重点港区。六大港区形成码头岸线总长约 54 千米，布置生产性泊位 187 个，货物综合通过能力约 8.1 亿吨。新规划实施后，青岛港岸线利用效率、土地利用效率将大幅度提高，现有港口空间及功能布局进一步优化和完善，港口发展模式更高效、集约、绿色，充分释放董家口港潜力，为再造一个青岛港提供基础支撑。[41]

青岛港以提升港口运行效率为核心目标，积极推动大数据、物联网、人工智能等先进信息技术的普及应用。具体来说，青岛港改扩建工作包括以下内容。

（1）**升级设备设施**。对老港区的设备和设施进行更新换代，例如龙门吊、集装箱装卸设备等，以提高装卸效率和安全性。在改扩建中引入自动化技术、智能化技术等新兴技术，以提高港区的运营效率和降低成本。2022 年 9 月，山东港口发布启用了自主研发的全自动化集装箱码头智能管控系统（A-TOS），实现从底层软硬件到上层应用关键核心技术的完全自主可控；全智引领，"类人脑"进行生产指挥调度、规划决策和系统的测试运维，以"九大创新技术"抢占智慧绿色港口发展制高点；全向超越，确立五大优势，毫秒级刷新响应，无感升级，生产操作、设备控制、信息处理三位一体智能管控，智能配载效率提升 17 倍以上，实现了从 0 到 1 的创新突破，各项指标全面超越拥有 30 多年应用历史的国外同类产品。[42]

（2）**优化港区布局**。突破老港区的固有布局，重新规划港区的布局使之更加合理化，提高运输和装卸的流畅性。如图 3-5 所示，规划金属矿石运输，煤炭运输，油品、化工品及液化天然气（LNG）运输，集装箱运输，粮食运输，客运及邮轮运输，现代物流与港航服务，临港产业八大类运输系统，逐步提升港口的集疏运能力和"通关+物流+贸易金融"的综合商贸服务能力。

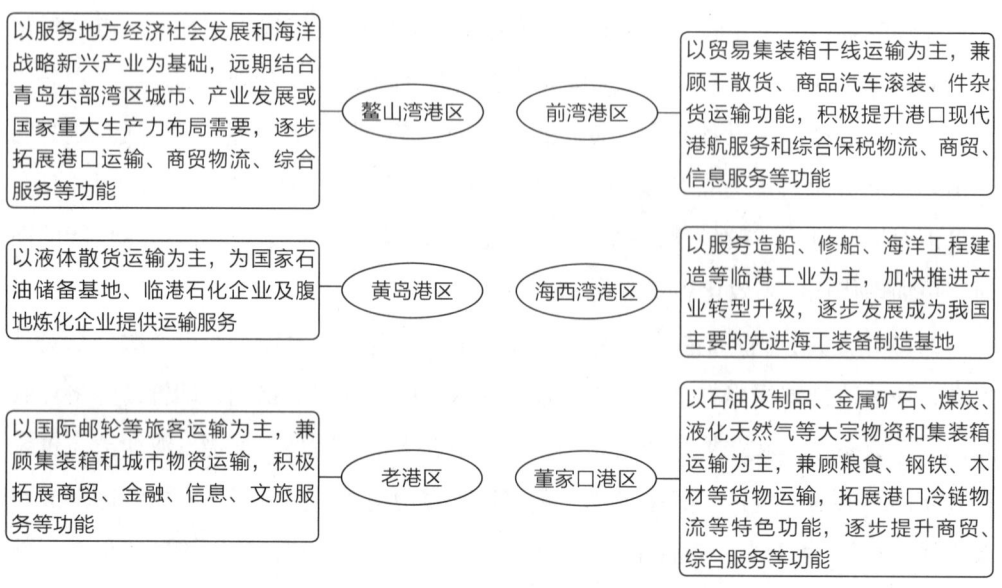

鳌山湾港区	前湾港区
以服务地方经济社会发展和海洋战略新兴产业为基础，远期结合青岛东部湾区城市、产业发展或国家重大生产力布局需要，逐步拓展港口运输、商贸物流、综合服务等功能	以贸易集装箱干线运输为主，兼顾干散货、商品汽车滚装、件杂货运输功能，积极提升港口现代港航服务和综合保税物流、商贸、信息服务等功能
黄岛港区	海西湾港区
以液体散货运输为主，为国家石油储备基地、临港石化企业及腹地炼化企业提供运输服务	以服务造船、修船、海洋工程建造等临港工业为主，加快推进产业转型升级，逐步发展成为我国主要的先进海工装备制造基地
老港区	董家口港区
以国际邮轮等旅客运输为主，兼顾集装箱和城市物资运输，积极拓展商贸、金融、信息、文旅服务等功能	以石油及制品、金属矿石、煤炭、液化天然气等大宗物资和集装箱运输为主，兼顾粮食、钢铁、木材等货物运输，拓展港口冷链物流等特色功能，逐步提升商贸、综合服务等功能

图 3-5　青岛港"一湾两翼辖六区"示意

（3）**增强环保意识**。在改扩建的过程中更加注重环保，加强污染防控力度，减少对周边环境的影响。青岛港前湾集装箱码头积极研究提升高压岸电连船数量的有效措施，主动对接各船公司，增加船舶靠泊后的高压岸电连接，并做好船舶高压岸电各项参数指标的研究和分析。截至 2023 年 5 月，前湾集装箱码头已完成 20 次高压岸电连船，高压岸电输电 6.4 万千瓦时，较 2022 年同期分别提高了 31% 和 80%，高压岸电连船进入常态化。[43]

（4）**完善港口功能**。在巩固和加强装卸、仓储、中转、运输组织等传统功能的同时，着力拓展和完善现代物流、现代航运、临港产业、保税贸易、旅游客运、综合服务业。规划期内，青岛港货物集疏运的主要方式为水运、铁路、公路和管道。陆路运输将以公路和铁路为主，而液化石油气等产品将主要通过管道运输。

青岛老港区的改扩建项目通过引入新技术、优化布局、加强安全管理等措施，使老港区焕发出了新的活力，为青岛市和周边地区的经济发展做出了新的贡献。我国交通运输部发布的数据显示，2022 年山东港口青岛港完成货物吞吐量 6.58 亿吨，同比增长 4.3%；完成集装箱吞吐量 2567 万 TEU，同比增长 8.3%。在中国经济信息社与交通运输部水运科学研究院 2022 年底联合发布的《世界一流港口综合评价报告（2022）》排名中，青岛港在世界一流港口中名列前茅。

3.3 升级改造模式

3.3.1 升级改造模式的含义

智慧港口的升级改造模式是一种应用先进的信息技术和智能化设备，以提高港口效率和安全、推行绿色发展理念为目标，对传统港口的生产、管理、服务等过程进行升级改造，实现港口运营智能化、自动化和数字化的转型升级的新兴港口发展模式。

在软件层方面，智慧港口通过引入"互联网+"等先进的信息技术建立起智能化平台，通过智能化平台的建设实现对港口生产、管理、服务等全过程的数字化和智能化管理，提高港口的运营效率与服务质量。在硬件层方面，智慧港口通过引入AGV、自动化轨道吊、无人集卡等智能化设备，实现港口的自动化和智能化。软件层与硬件层结合物联网技术实现智慧港口的全面感知。需要注意的是，升级改造模式不仅仅是对港口的简单改造，更是一次全面的转型升级。智慧港口的升级改造不仅涉及港口内部的运营和管理，还涉及港口与海向腹地、内陆腹地的连接和协作。例如，智慧港口可以通过与供应链上下游企业的协同，实现供应链的智能化和自动化；通过与海关等监管部门的协同，实现监管的智能化和自动化。这些协作的实现，可以大大提高港口的整体运营效率和服务质量，同时也为港口带来更大的商业价值和社会价值。

3.3.2 升级改造模式案例——宁波舟山港：智慧赋能，提升港口运营效率

交通运输部在2017年发布的《关于开展智慧港口示范工程的通知》中明确指出，智慧港口的建设工作已经成为中国继第四代港口建设之后新的发展方向。该通知旨在推进智慧港口建设，提高港口运营效率和服务水平，实现可持续发展。通过利用先进的信息技术，港口可以融入城市的整体发展，从而实现港口管理的智能化和高效化。习近平在2020年3月考察宁波舟山港穿山港区时强调："要坚持一流标准，把港口建设好、管理好，努力打造世界一流强港，为国家发展作出更大贡献。"[44]

随着全球贸易的快速发展和航运业竞争的加剧，宁波舟山港也面临着提高运营效率和服务质量的挑战。为了应对这些挑战，宁波舟山港决定进行升级改造，通过引入先进的科技和设备来提升港口运营效率。经过长时间的摸索，宁波舟山港探索出了一条如图3-6所示的基于"互联网+"的智慧港航建设路径，并取得了一系列的成果。

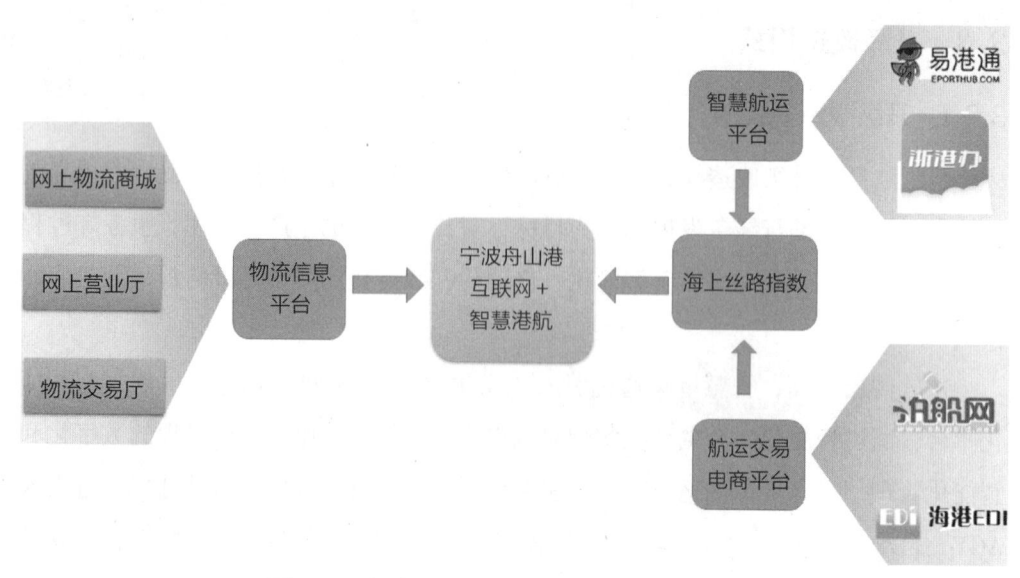

图 3-6　宁波舟山港"互联网+智慧港航"模式

首先，宁波舟山港推动物流信息平台的建设，实现了港口物流信息的实时共享和交换，提高了港口物流的协同效率。宁波舟山港打造了以"一城两厅"（网上物流商城、网上营业厅、物流交易厅）为核心的港口物流电商信息平台，推动了单一窗口、单证无纸化等项目的实施。2019年，宁波舟山港依靠这一模式成为全国首个实现集装箱进出口全程操作无纸化、物流节点可视化的数据枢纽港口；同时，通过应用物联网、云计算等技术，实现了港口设备的远程监控和故障预警，提高了港口设备的运营效率。

其次，宁波舟山港加强与航运企业、贸易企业等各方的合作，实现了信息共享和业务协同。通过构建智能船舶调度系统，实现了港口船舶作业的优化调度，缩短了船舶在港停留时间，提高了港口的吞吐能力。宁波舟山港建立大宗商品现货交易电子信息交易平台，以铁矿石为试点交易品种，探索供应链金融创新服务模式。此外，通过搭建"拍船网"在线拍卖平台，将传统的线下船舶交易与在线竞价相结合，实现船舶价值的最大化。建立EDI数据服务中心，为港口提供统一的公共数据基础设施平台和高效的数据交换系统。这为智慧港口建设提供了有力支撑。以信息港为链条有机串联各运输节点信息，推动实施海港、陆港、空港协同联动发展模式，着力提高多式联运的效率。目前宁波舟山港已成为中国南方最大的海铁联运港。[45]

最后，宁波舟山港还注重提升客户服务体验，为客户提供个性化定制服务，为港航供应链各方搭建智慧航运平台。宁波舟山港开发了"浙港办"和"易港通"等手机app。"浙港办"是一款为宁波舟山港相关工作人员打造的办公软件，工作人员可以通过它进行相关的移动沟通和协作，进行信息的查询、浏览和分享，也可以进行工作汇报，查看企业通讯录和结构等。"易港通"则是一款专为宁波舟山港打造的货运物流软件，使货主更加方便地在软件中查看并管理自己的货物，并在软件中办理许多港口业务，让货物可以快速地通过港口。"易港通"为货主和货船主人构建了一个线上交流平台，使得货主在需要找船运货时更加方便，同时货主和船东也能更快地得到更多货运订单。"易港通"还提供货运保险，使货物安全有保障，货主和船东可以随时查看物流状态。如图3-7所示的是"易港通"司机端界面。通过"易港通"，司机可进行装箱单预录入、提重预约等事项的申报，提升了服务体验。"易港通"适配性强，控件丰富，将400余项功能整合为100项，避免了烦琐的业务操作，用户通过扫码即可完成系统登录，大大加快了智慧港口核心业务的标准化作业进程。

图 3-7 "易港通"界面

在传统码头数智化改造方面，2021年8月，由宁波舟山港股份有限公司、杭州网新信息控股有限公司和杭州海港创新股权投资合伙企业（有限合伙）合资设立的浙江智港通科技有限公司，对标世界一流强港建设需求，围绕码头作业和调度，自主研发了支撑千万级码头运营的n-TOS操作系统和数字化全域智能设备调度控制平台iECS，形成智慧双芯港口大脑。依托人才、平台、政策等资源优势，打造以"港口大脑"为核心的集运营决策、生产作业、全局调度、生产辅助、全域感知于一体的"1+N"智慧码头产品矩阵，如图3-8所示。其中，凭借自主研发的全局调度、龙门吊调度、时间预估、资源计划等8个智能算法模块，可使作业峰值效率达到每小时35自然箱（双悬臂自动化轨道吊）；全自主研发的智能无人集卡云控平台（VMS）能够结合实际生产环境，优化行车导航，减少堆区等待、混行等业务场景，不仅定义了行业标准，而且已实现多厂商接入。通过指挥中心、共享中心、业务中心的分工协作，以及软件、小程序、驾驶舱、3D孪生展示等多方位、全场景的应用，可实现小屏移动协同、中屏日常办公、大屏边看边管的智慧化决策模式。

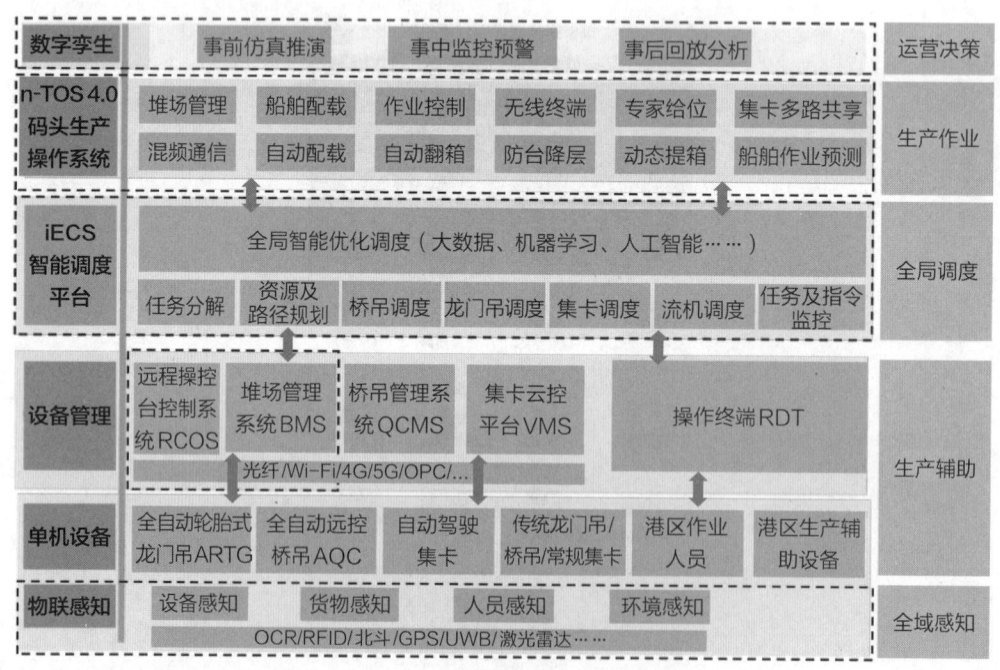

图片来源：浙江智港通科技有限公司

图3-8 智港通智慧码头产品矩阵

"互联网+指数"是依靠大数据与云计算以及海上丝路指数整合分析建立起来的行业信息集散平台。该指数通过整合分析21世纪海上丝绸之路沿线国家和地区的贸易、物流、交通等数据，建立起行业信息服务平台，为企业提供市场分析、行业趋势研判等信息服务，帮助企业更好地把握市场动态，提高决策效率。同时，"互联网+指数"还具备监测经济运行情况、评估物流效率等功能，为政府和行业企业提供决策参考与依据。该指数的成功建立和运营有助于促进21世纪海上丝绸之路沿线国家和地区的贸易与投资合作，推动全球物流和航运业的发展，提升宁波舟山港作为国际航运中心的影响力和竞争力。[46]

目前，宁波舟山港拥有超过300条集装箱航线，辐射全球200多个国家和地区的600个港口。其中，"一带一路"航线达到125条，较2013年增长71.2%。2022年，宁波舟山港完成航班4700多班次，月均集装箱吞吐量超过109万TEU，构建了连接21世纪海上丝绸之路沿线国家和地区的庞大海上贸易航线网络，为贸易往来提供了便利和支撑。2023年上半年，宁波舟山港完成货物吞吐量6.79亿吨，同比增长6.0%；完成集装箱吞吐量1768万TEU，同比增长1.2%，整体运输生产实现稳中有升。宁波舟山港的梅山港区拥有全球规模最大的远控轮胎式龙门吊100台，远控占比60%，实现了一人控一机到一人控多机的转变。此外，在生产指挥端，梅山港区搭建了覆盖码头生产过程的数字孪生系统，打造了梅山港区在虚拟现实中的数字化映像，有助于进行港区监测分析和仿真实验。[47]

宁波舟山港通过积极探索和实践，形成了以集装箱、大宗散货两大货种为主攻方向的智能化码头模式。这种模式的推广和应用，不仅有助于提升港口的运营效率与服务质量，也将为全球港口行业的数字化转型和智能化升级提供可贵的经验和借鉴。

本章课件

第 4 章
港口智能化运营与智慧化决策

　　港口的运营主要包括为船舶提供靠离泊服务、货物的装卸作业、码头到堆场的运输作业、港区环境的日常维护和综合商务等内容。港口的智能化运营是港区运用大数据、云计算、物联网等新一代信息技术实现港口的智慧全面感知与泛在互联。港口的智慧化决策指的则是在港口生产及管理的科学决策方面通过综合应用新一代信息技术使港口在资源配置、服务敏捷性、生产组织柔性化、港产城一体化等方面都能实现更加科学、智能的决策。

　　港口的智能化运营与智慧化决策需要经过不断的系统升级与迭代，同时也需要持续的技术更新和创新，才能实现全面提升。

4.1 港口基础设施与装备的智能化

4.1.1 航道智能化

《中华人民共和国航道法》规定：航道指的是在中华人民共和国领域内的江河、湖泊等内陆水域中可以供船舶通航的通道，以及内海、领海中经建设、养护可以供船舶通航的通道。航道包括通航建筑物、航道整治建筑物和航标等航道设施。

在 21 世纪，船舶航道的智能化管理已经成为提高航道航行环境的关键。航标作为保证航路平稳、安全的重要设备，能够引导船舶在正确的航向上行驶。然而，传统的航标系统存在着操作复杂、容易丢失、定位不准确等一系列问题。另外，航道中的风向、风速、海况、航道尺度、桥梁净空、船舶卫星定位数据等信息的采集工作也重度依赖人工，不仅任务繁重而且存在安全隐患。船舶在行驶过程中，由于缺乏安全保障机制，经常会发生碰撞、偏航等事故。因此，在智慧港口建设中研制一款智能航道智能航标系统显得尤为重要。

智能航标系统作为智慧港口的核心构成之一，其智能化管理对于提高航道运营效率、增强船舶交通安全、提升航标服务水平具有举足轻重的地位。智能航标系统借助先进的信息技术手段，将硬件设备和软件系统相集成。在硬件方面，选用高性能的传感器、处理器和通信模块等核心部件，确保系统的稳定性与可靠性；在软件方面，采用先进的数据处理算法和软件开发框架，实现系统的实时监测与预警、数据处理与应用等功能。同时引入物联网技术，安装感知设备，达到软硬件相结合来实时监测航道状况的目的。例如，在航道中安装水位传感器来实时监测水位的高低，预防和减少因水位异常而引发的安全事故，也可以检测航道的淤泥堆积情况，及时进行航道清理，保证航道的畅通。[48] 智能航标系统的设计与研制还需要充分考虑系统的可扩展性和易用性，以便于未来升级和维护，实现航标状态监测、数据采集与处理、航道信息发布等功能，为船舶提供高效、准确的导航服务。[49] 2023 年 12 月 4 日交通运输部发布的《关于加快智慧港口和智慧航道建设的意见》明确提出，到 2027 年全国港口和航道基础设施数字化、生产运营管理和对外服务智慧化水平全面提升，建成一批世界一流的智慧港口和智慧航道。

如图 4-1 所示，智能航标系统应首先具备航标状态监测功能，通过传感器等设备实时采集航标的各项状态参数，如水位、流速、船舶流量等，并将数据传输至控制中心进行实时监测与分析。一旦出现异常情况，系统能在第一时间做出响应并自主采取相应措施，确保航标处于正常工作状态。因此，智能航标系统首先应该具备数据采集与处理的基本功能。它运用先进的卫星定位技术和其他传感器设备收集航道信息数据，如风向、风速、船舶位置等。然后通过高效的数据处理算法对收集到的数据进行处理、分析和存储，为船舶提供更加精确的导航服务。同时，智能航标系统还要具备航道信息的发布功能。通过与港口管理系统的集成，智能航标系统能够将航道信息及时发布给船舶和港口相关部门，使各方能够及时掌握航道状况、合理规划船舶行驶路线、有效规避航道拥堵和安全隐患等问题。

图 4-1 智能航标系统架构

港口基础设施与装备的智慧化转型，无疑是智慧港口建设的重中之重。在港口建设领域，国际级的重要海港，诸如上海港、青岛港等，正积极推动码头前沿装卸作业的远程智能化操控，并努力实现多数工作场景下的全自动运行。AGV等前沿的智能化水平运输设备在这些港口中得到了广泛的应用，极大地提升了作业效率与精准度。黄骅港、日照港等大型干散货码头也在智能化道路上迈出了坚实的步伐，堆取料机、翻车机等关键设备的远程控制得以实现，抓斗门机等设备的自动化改造也在逐步推广，为港口的智能化升级注入了新的动力。

在航道建设与管理方面，数字化与精细化的航道养护管理正在深入推进。长江干线和浙江部分航道率先实现了整治建筑物的数字化监测，让"看不见"的整治工作变得"看得见"。此外，船舶过闸效率也得到了不断提升，西江航运干线、嘉陵江等跨省航道实现了通航建筑物的联合调度，有效提升了航道的通行能力。然而，我们必须清醒地认识到，目前我国部分港口和航道的设施设备仍相对落后，特别是在内河港口与沿海港口、干线航道与支线航道之间，智慧化发展的不平衡现象仍然存在。整体生产运营效率仍有待进一步提升。

长江干线、西江航运干线、京杭运河等重要航道，一方面需积极构建并完善航道智慧养护管理系统，确保航道养护工作的高效运行。同时，积极推进智能疏浚装备系统的应用，实现航道疏浚作业的智能化与精准化。此外，加强航道测量技术的智能升级，利用先进技术手段提升航道测量的精度与效率。在技术应用方面，全面推广航标遥测遥控、水位遥测遥报等先进技术，实现对航道运行状态的实时监测与预警，为航道的安全运行提供有力保障。同时，推动高等级航道船闸的智慧化升级，提升船闸的调度效率和通航能力，确保航道畅通无阻。另一方面需建立健全港口和航道的智慧安全防控体系，通过引入先进的信息技术手段，实现对港口和航道安全风险的实时监测、预警与应对。此外，推动多闸联动一体调度，优化闸口调度流程，提高船舶过闸效率，降低物流成本。同时，积极推进港口岸电信息系统建设，鼓励清洁能源的多能互补应用，以及设备的迭代升级，减少环境污染，提升绿色发展水平。在运营监管与风险防控方面，加强港口和航道运营数据的收集与分析，通过数据挖掘和人工智能技术，提升运营决策的科学性和精准性，确保港口和航道的稳健运行。

总之，智能航标系统作为智慧港口的核心构成之一，其智能化管理对于提高航道运营效率、增强船舶交通安全、提升航标服务水平具有举足轻重的地位。智能化的管理手段，可以有效地改善航道的运营环境，提升航标服务质量并降低船舶交通事故的发生率，是智慧港口建设的重要一环。

4.1.2 装卸设备和运输设备智能化

按照装卸运输设备的功能和用途划分，港口装卸设备与运输设备存在着明显区别。港口装卸设备是用于港口货物上下装卸和搬运的机械设备，包括桥式起重机、门式起重机、龙门吊、移动式起重机等。这些设备通常固定安装在码头上，用于装卸集装箱、散货等货物。例如，桥式起重机主要用于在码头或堆场上装卸大型货物，而门式起重机则主要在仓库或货场等地方进行货物的装卸。与之对应的港口运输设备则主要用于港口货物的水平运输，包括叉车、拖车、集卡、AGV 等。这些设备通常用于将货物从码头上运往仓库或其他运输设施，或者将货物从这些设施运往码头。例如，叉车主要在仓库或货场等地方进行货物的水平运输，而集卡则主要用于在露天场地进行货物的水平运输。图4-2从左至右分别展示了集装箱港口中常见的集装箱装卸设备和运输设备。

图4-2 集装箱港口主要装卸设备和运输设备

智慧港口通过应用智能化技术和先进的管理方法，对港口装卸设备和运输设备进行全方位的升级与改进，实现港口运营的高效智能化。智慧港口装卸设备和运输设备在自动化和智能化、高效性和灵活性、可靠性和稳定性、经济性和环保性等方面都有不错的表现。

（1）**自动化和智能化**。在互联网和自动化控制技术的助力下，智慧港口的装卸设备和运输设备具有极高的智能化水平。在前端装载机上安装智能化的传感器，工作人员便可以在中控大屏上实时监测设备的运行状况，及时进行维修和更换，也可以通过自动化的控制系统在调度室实现对装卸设备和运输设备的远程控制，提高其作业效率和安全性。[50]

（2）**高效性和灵活性**。港口装卸设备和运输设备在运行过程中，能够实现快速、准确的操作。例如，智能化的装卸设备可以采用高效的调度算法，自动安排设备的运行时间和路径，提高设备的利用率和作业效率。依靠摄像头和感应器，设备还能够根据货物的不同种类和规格尺寸实时调节装卸搬运的抓握力度和运行方向，具有高度的灵活性。1993 年建成投产的荷兰鹿特丹港 ECT Delta Sealand 码头是首次将 AGV 投入港口作业的集装箱自动化码头。不过港口初期投入使用的 AGV 多采用磁钉定位导航技术，因此需要铺设磁轨配合使用，不仅成本高昂，AGV 的路径也因磁轨而受限。近年来，随着港口智能化的不断升级，在激光雷达、导航卫星、毫米波雷达、视觉 SLAM（基于摄像头的环境感知）等众多新兴技术的加持下，IGV（智能导引车）、ART（人工智能运输机器人）、IMV（智能移动运输平板车）、AIGT（无人驾驶集装箱运输车）等众多类型的港口导引运输车纷纷投入使用，在高效性、柔性度、稳定性等方面性能卓越。例如，广州港南沙四期码头投用的 70 台 IGV，融合多种传感器，搭配单小车自动化岸桥+堆场平行布置作业模式，不仅 100% 由中国自主研发而且也是全球首创。

（3）**可靠性和稳定性**。港口装卸设备和运输设备采用了先进的材料与制造工艺，5G 的商业化落地使设备具有更高的可靠性和稳定性。此外，这些设备在设计和使用上还考虑到了港口环境的特殊情况，例如高温、高湿、高盐等环境因素，确保设备的长期稳定运行。

（4）**经济性和环保性**。在全球气候变暖的时代背景下，社会各行各业对绿色发展理念的重视程度日益加深。建设环境友好型、资源节约型的绿色智慧港口也是各大港口的探索方向，在港口装卸设备和运输设备的设计与使用上也考虑到了采用节能减排技术、使用清洁能源等环保因素。在集装箱港口中，大多数码头选择了"电磁+传感器"引导式的 AGV，虽然充电式 AGV 使用了清洁能源，但是 AGV 的运行前提是在码头建设初期沿着规划的行驶路线埋设磁钉。然而，尽管 AGV 是大多数自动化码头的首选，但其导航特性限制了其在未来智能化港口发展中的应用，主要原因有三个：首先，AGV 采用电磁导航方式，需要预埋磁钉，这对港口的平整度有较高的要求；其次，AGV 的高成本（500 万～700 万元）远高于普通的集卡；最后，我国大多数集装箱码头区域规划合理、地面相对平整，如果转型为自动化码头，需要重新埋设磁钉，这会造成巨大的资源浪费。IGV 的概念由此被提出。IGV 采用的是"卫星+传感器"的导引方式，其可以改装在现有的卡车底座系统上。相比 AGV，IGV 具有低成本、高精度和易改造等特点，它极有可能成为未来智能化码头水平运输方式的主流。[51]

总之，港口装卸设备和运输设备的智能化是智慧港口建设的重要组成部分，可以提高港口的运营效率、安全性与经济性，促进港口的可持续发展。

4.1.3 泊位智能化

随着全球贸易的不断发展，码头作为航运物流链的重要节点，其运行效率对于整个供应链的运营至关重要。其中，船舶靠离泊是码头企业的核心服务项目，其合理性与准确性对于提高码头吞吐能力、降低船舶等待时间、减少碳排放等具有关键性作用。但在散杂货物集装箱化之后，港口的吞吐能力较之前有了质的提高，集装箱船的大型化造成人工制订船舶靠离泊计划的弊端日益凸显。因此，实施智能泊位计划是码头企业的必然趋势。

泊位智能化可以通过引入智能化的调度和计划系统来实现。该系统可以根据船舶的到港时间、装卸货物的种类和数量，以及港口的实际运营情况，自动为船舶安排最佳泊位；同时，也可根据船舶的需求自动为其安排靠离泊的时间。[52]

智能泊位规划是指通过计算机系统读取相关数据供泊位规划者参考和修改，自动生成更合理的泊位规划，最终形成智能泊位规划。该方法的应用可以在很大程度上避免人工泊位规划的不合理和不准确，大幅度提高计划制订的效率和准确性，同时为集装箱收发计划和堆场具体作业计划的合理实施奠定坚实的基础。智能泊位规划也可以降低船舶等待时间，减少碳排放，实现绿色物流，符合当前全球可持续发展的趋势。

如图4-3所示，智能化泊位的生成方式主要包括以下几个步骤。首先，计算机系统需要读取相关的船舶靠离泊历史数据、当前泊位使用情况、船舶到港时间等多种数据。其次，计算机系统需要根据这些数据，结合一定的算法和模型，自动生成初步的泊位计划。最后，泊位计划员根据泊位现场情况和实际需求修改与调整初步泊位计划，形成最终版的智能化的泊位计划。

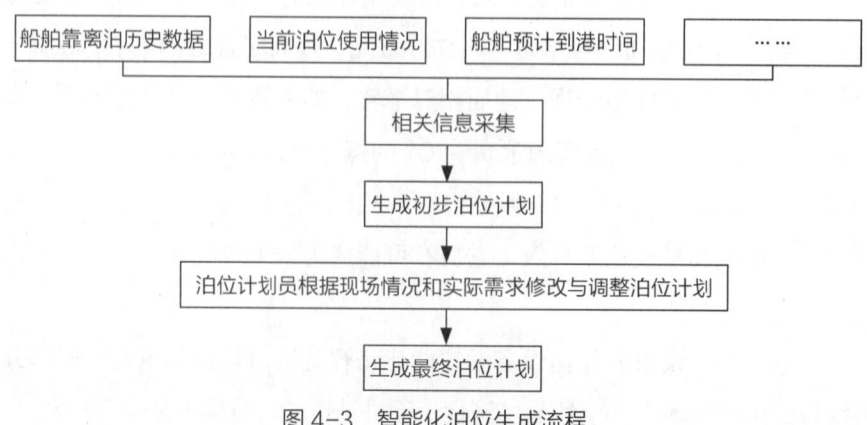

图4-3 智能化泊位生成流程

智能泊位计划的应用首先可以提高码头的吞吐能力和服务水平，缩短船舶的等待时间和提高船舶的运行效率，降低码头的运营成本和能耗；其次可以提高后方堆场的收发箱计划和具体作业计划的合理性与准确性，减少货物的滞留时间和运输成本，符合当前全球可持续发展的趋势。

实施智能泊位计划是码头企业的必然趋势。智能化的泊位计划可以提升码头的运营效率和服务水平，降低运营成本和能耗，提高竞争力，同时也可以实现绿色物流和可持续发展。因此，码头企业应该积极探索和研究智能泊位计划的生成方式和应用效果，不断提高自身的运营能力与服务水平。

4.1.4 港口能源智能化

智慧能源管理系统包含对水、电、气冷热能源使用状况的管理，还包含现场压力、温湿度、视觉影像、生物识别等参数的集中监测、管理和分散控制。

智慧能源管理系统以区域数据为基础，结合"互联网+大数据"的有效利用，自由组合成能耗单元，通过智慧能源管理平台实现实时监控、单耗指标、对比分析、专家评估、能源预测等功能。[53] 如图4-4所示，从智慧港口能源智慧化的角度来看，可以根据能源种类的不同，构建一个包含电能、柴油、汽油等能源种类的能耗分类网络，为智慧港口的能源管理提供考核指标参考。

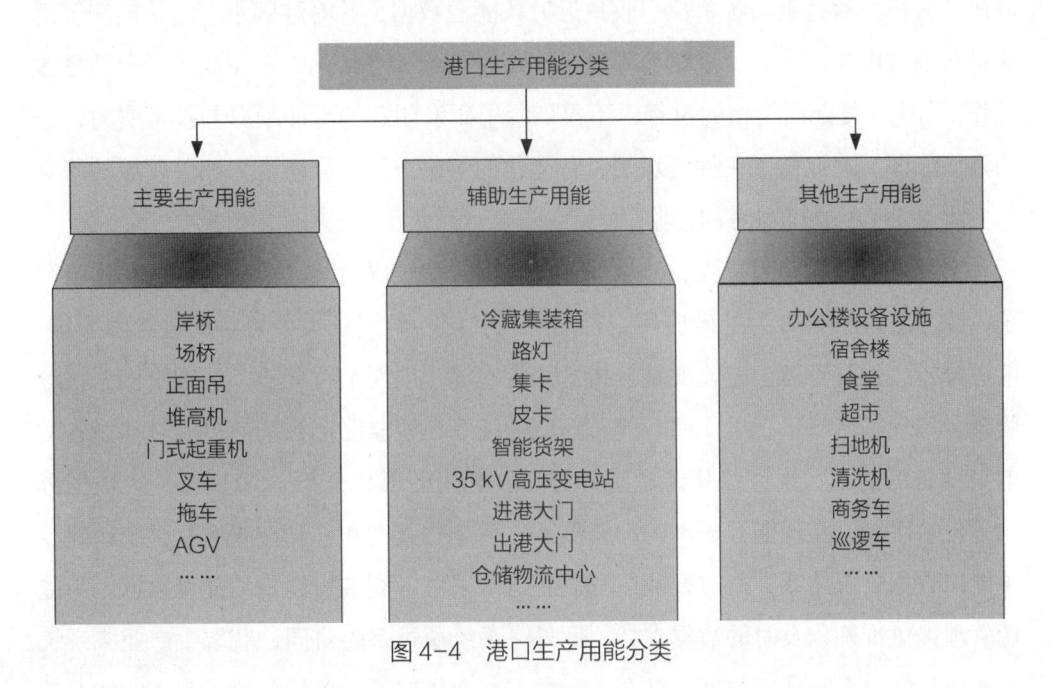

图4-4 港口生产用能分类

此外，智慧能源管理系统还包括能源数据采集系统、能源监测分析系统、能源优化调度系统、能源信息管理系统等功能模块。这些模块可以协同工作，实现对能源的综合控制与管理，提高能源利用效率，降低能源成本。

在能源智慧化方面，山东港口日照港依托云计算、人工智能和物联网技术的集成应用，对港口能源管理业务进行了全面的优化与升级。立足于能源交易、客户服务和港口生产等多维度能源业务管理需求，紧密结合港口实际能源使用情况，创新性融入用能分析、源网荷储及双碳管理等先进功能，成功构建了山东港口首个集多功能于一体的智慧能源管控平台。该平台实现了对港口水、电、热、天然气、油、风电、光伏等多元化能源的集中管理与监测，通过与流程、设备、船只等生产数据的深度融合，运用智能化分析技术，精准关联港口用电、用油、用热等能耗数据与生产数据，形成多维度能耗分析体系，包括年度能耗分析、单吨能耗分析、区域能耗分析等，为港口科学生产提供了有力指导。此外，平台还实现了对水、电、热等能源数据的集成化分析与处理，以及线上计量、线上缴费等功能的全面应用，预计每年将显著减少人工成本约300万元，极大地提升了港口能源管理的效率与智能化水平。在平台构建过程中，研发团队面临诸多技术挑战。由于平台需要对整个港区的能源数据进行集成处理，因此需要对各单位的能耗、柔性负荷等信息进行深入的调研与分析。通过走访各单位，收集近万条能源数据，并对港区水、电、蒸汽等用能设备加装电表、水表、采集器等设备，历时长达5个月，终于完成了平台的搭建工作。[54]这一复杂而精细的过程，不仅展示了研发团队的专业素养与技术实力，也为港口能源管理提供了一种全新的、智能化的解决方案，同时也为相关领域的研究与实践提供了有益的参考和借鉴。

宁波舟山港则采用智控、节流加开源的方式构筑以清洁能源为主的能源供给系统。综合管理平台分为基础应用、智能应用和统一访问三大模块。通过能源采集、能源分析、设备管理、电能质量分析、全景检测、电网运行分析、运维抢修、报表管理，实现了港口水、电、油、气、环境的统一在线监测。系统通过实时掌握各类港口设备的能源情况，强化能源统计分析。利用图形化分析、3D展示、大数据分析等技术手段，实现能源成本的动态展示、智慧化查询和移动端查看。系统还建立了能源数据资源体系，通过智能监测设备自动采集各类港口设备的能源数据，为能源管理提供准确、及时的数据支持。此外，系统通过多跨协同，获取生产业务系统的作业时间、吞吐量等数据，结合能源数据，形成单船、单机、单流程作业能源数据。通过与财务系统、物资管控系统的互联互通，实现能源成本数据的形成和智能分析汇总。系统能够实时预警异常情况，实现问题的闭环处置和科学评价，为领导提供高效决策支持。在碳排放管理方面，系统通过实时获取各下属单位设备的碳排放量数据，计算碳排放强度，并与主营收入进行指标对比换算。同时，结合绿电和新能源使用情况，换算出通过使用绿色能源的减碳量，推动企业向低碳、绿色转型升级。智慧能源管理系统的建设与应用实现了统一平台、统一数据、统一应用的目标，为管理的高层决策、中层控制与基层运作提供了有力支持。通过数字化赋能，系统实现了能源管理、碳管理以及岸电的动态协调和管控，推进了标准化、规范化、流程化的实现，提高了管理效率。同时，系统建立了管理精准、标准统一、多跨协同、资源整合的能源智治体系，形成了上下联动、左右协同的高效运行机制，实现了管理精细化、服务便捷化、能源绿色化的数字化改革成果。

岸电管理是系统的重要组成部分，通过实时掌握港口岸电设备的使用情况，展示岸电发电量、连船次数和设备数的数据，为港口节能减排和绿色发展提供数据支撑和决策依据。智慧能源管理系统在工业、建筑、交通、能源等领域都有着广泛应用，是实现能源智能化和可持续发展的重要手段。智慧港口能源智慧化的实现，可以对各种能源的消耗进行实时监测、分析和预测，从而有效地控制能源消耗并优化能源利用效率。同时，建立能耗数据库和能耗管理系统，可以对各种能源的消耗历史和消耗趋势进行分析和预测，从而为港口的能源管理和节能减排工作提供决策支持和数据支撑。

4.2 码头及堆场服务的智慧化

4.2.1 智慧化的调度和计划

我国已建成的智慧港口集装箱堆场一般采用如图 4-5 所示的"堆场垂直布置+端面装卸"或"堆场平行布置+端面装卸"方案[55]，通过高级的算法和数据分析，实现对码头与堆场资源的智能调度和计划，提高作业效率。

堆场智能调度系统在港口堆场货物作业流程中扮演着重要角色，它通过对堆场内各项信息进行实时采集和处理，对堆场内货物的分配、存储、转移、装卸等环节进行优化处理，保障货物交付时间、减少货物在堆场内滞留的时间，通过智能化的调度操作，实现对物流操作的规划和最优化处理。

智慧港口堆场智能调度系统主要包含以下模块。

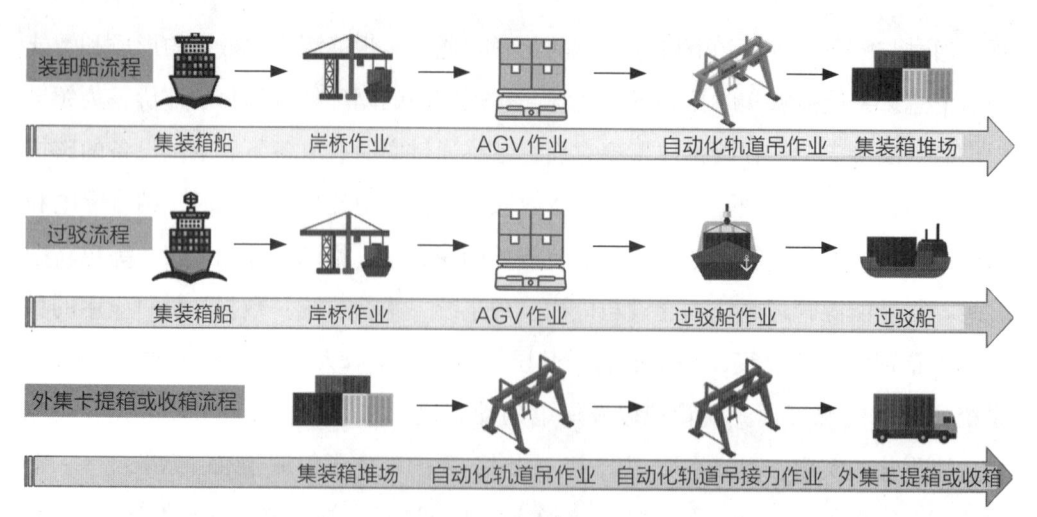

图 4-5 智慧港口集装箱堆场装卸流程

（1）**数据采集与分析模块**。该模块负责收集堆场设计能力、实际堆存情况、货物预期进出港需求等数据。通过实时获取船舶到港信息、集装箱信息、货物流向等数据，对堆场进行动态规划，以满足实际需求。

（2）**堆场计划制订模块**。该模块根据采集的数据和货物进出港需求，自动制订堆场计划。通过模拟不同货物的存取时间和顺序，对堆场贝位进行智能划分，优化集装箱堆放区域，减少无效理货。

（3）**贝位管理模块**。该模块负责监控每个贝位的使用情况，根据货物的存取时间和顺序自动调整贝位分配。当货物到达时，系统会根据其性质和存储时间要求，为其选择合适的贝位。当货物需要提箱时，系统会根据其存储时间和位置信息，自动安排提箱顺序。

（4）**集装箱管理模块**。该模块对每个集装箱的状态和位置信息进行监管。通过与船舶、货车、叉车等设备的联动，实现集装箱的自动追踪和管理。当集装箱需要移动时，系统会自动规划最优路径并调度相关设备进行操作。

（5）**预警与优化模块**。该模块根据历史数据和实时采集数据对可能出现的港口拥堵、贝位不足、设备故障等问题进行预警，方便相关人员及时优化调度。

（6）**用户界面模块**。该模块提供一个直观易用的界面，使操作人员可以实时了解堆场的状态信息、集装箱的位置和状态等数据。同时，操作人员也可以通过这个界面进行一些必要的操作，如货物的入库和出库等。

智慧港口堆场智能调度系统可以实现自动化、智能化、可视化的堆场管理，提高堆场的使用效率，减少人力成本并降低错误率；实时监测和控制堆场的状态，可以更好地满足不断变化的货物进出港需求，提高港口的运营效率和客户满意度。

4.2.2 自动化集装箱跟踪和管理

自动化集装箱跟踪和管理系统通过应用物联网技术，可以实现对集装箱的实时监控和远程管理。在堆场，可以通过高精度传感器和摄像头对集装箱进行自动计数与定位。这不仅能够减少人工操作误差，提高工作效率，也能实现快速、准确的集装箱调度。使用自动化集装箱跟踪和管理系统，可以实时追踪和预测集装箱的运输状态，包括到达时间和运输位置。这不仅能使码头运营者提前做好接货准备，提高物流效率，也能使货主实时了解货物的运输情况。

自动化集装箱跟踪和管理系统是一个复杂的项目，需要集成许多技术和流程。表 4-1 列出了自动化集装箱跟踪和管理系统基本架构与功能特性。

表 4-1 自动化集装箱跟踪和管理系统基本架构与功能特性

系统架构	传感器和硬件设备	在集装箱上安装温湿度传感器、空重载传感器等跟踪集装箱的位置和状态
	数据采集	通过读写设备（如 RFID 读取器）和卫星定位追踪设备，实时收集与传输集装箱的位置和状态数据
	数据处理和分析	利用数据处理和分析工具（例如云计算、大数据分析、人工智能等），对收集的数据进行存储、分析和可视化，提供关键指标和洞察结果
	用户界面	创建一个用户友好的界面，允许用户（例如物流操作员、仓库管理员等）查看和管理集装箱的状态和位置
功能特性	实时跟踪	自动跟踪检测集装箱的位置和状态信息
	异常检测	通过分析数据，系统能够检测到异常情况，例如集装箱的丢失、损坏或未经授权的移动
	预测分析	利用历史数据和预测模型，系统能够预测未来的集装箱需求和运输路线
	优化调度	通过优化算法，系统能够自动调度和分配集装箱，以实现效率最大化和减少成本
	报告和可视化	系统能够生成详细的报告，并使用图表和其他可视化工具展示数据，帮助用户理解与分析

在自动化集装箱跟踪和管理系统架构搭建之前，首先要考虑现有业务流程的缺点并明确自动化系统的技术需求，在此基础上评估 RFID、卫星定位、云计算、大数

据分析等不同的技术选项并确定最佳的组合。随后开始系统的研发和内外部的测试工作，确保系统的性能稳定性。系统搭建完毕后，还应重视对系统用户的培训，制订培训手册使用户能够简单轻松地上手使用，这就要求系统在可视化方面做到人性化。另外，随着系统运行时间的增加，需要投入一定的资金到系统运维环节，保证系统的平稳性。

自动化集装箱跟踪和管理系统的作用与影响主要体现在以下几个方面。

（1）**提高效率**。实时跟踪和更新集装箱的位置与状态，能够提高物流和运输过程的效率。系统可以自动调度和分配集装箱，优化运输路线，减少运输时间和成本。

（2）**增强可靠性**。通过异常检测和预测分析，系统能够及时发现集装箱的丢失、损坏或未经授权的移动等异常情况，最大限度地减少海损情况的发生，增强运输过程的可靠性。

（3）**优化资源利用**。系统可以根据实时的数据和预测模型，合理规划和调度集装箱的运输与使用，减少空驶和拥堵现象，从而优化资源的利用。

（4）**提高客户满意度**。通过提供实时的集装箱跟踪信息，客户可以更好地了解货物的运输情况，减少信息不对称和不确定性，提高客户满意度与信任度。

（5）**促进数字化转型**。自动化集装箱跟踪和管理系统可以与其他物流信息平台相对接，共享数据资源，便于货主、船方、港口方、代理方企业之间的协同联作，促进企业的数字化转型。

以天津港为例，天津港集团依托国家交通强国建设试点工程，聚焦集装箱生产运营，全面提升港口智能化水平，首创性地提出自动化集装箱码头 2.0 工艺方案，将天津港北疆C段智能化集装箱码头打造成为全球首个智慧零碳码头，基于传统人工集装箱码头，完成岸桥、轨道桥、集卡自动化改造，研发全球首个智能解锁站，实现"自动化岸桥+自动化轨道桥+无人集卡编组+智能解锁站"联合作业，建成全球首个在人工码头上通过智能技术改造实现的自动化集装箱码头。相比传统"磁钉+AGV"的物流方案，由中国自主研制的人工智能运输机器人和智能化设备控制系统实现了对平行岸线智能化集装箱码头智能水平运输设备的更加精准调度和有序管理，码头作业效率提升近20%，全面支撑自动化岸桥、自动化轨道桥、智能水平运输设备、智能解锁站等智能化码头全设备要素的联合作业。[56]

总的来说，自动化集装箱跟踪和管理系统对于物流和运输行业来说具有重大的战略意义，不仅可以提高效率和可靠性，优化资源配置，还可以提高客户满意度和信任度，促进港航企业的数字化转型。

4.2.3 智能化的闸口管理

闸口是指设在港口进出口处，对进出港口的船只、车辆、人员进行监管、检查和收费的场所。传统港口闸口管理主要依赖人工检查和纸质单据，效率低下且易出错。智慧港口的智能闸口系统通过应用物联网、人工智能、云计算等技术，实现闸口处的无人值守、自动放行和智能化管理。[57]

智慧港口的智能闸口系统应包含以下主要功能和特点。

（1）**集成硬件设备**。通过TCP/IP、RS-232（一种标准的串行数据通信接口）、USB（通用串行总线）等通信技术，集成各类工业硬件设备，如RFID读卡器、摄像头、传感器等，自动识别进出港口的集装箱和集卡，并采集相关信息申报过闸。

（2）**数据处理与存储**。通过云闸口操作管理系统，实现对采集数据的处理、封装、存储和控制。同时，为了确保数据安全性，应采用内部隔离机制，避免数据泄露。

（3）**实时监控与预警**。实时监控车流量和拥堵情况，根据预设算法分析数据，及时预警可能出现的拥堵或异常情况。同时，通过自动识别技术，一旦发现异常情况（如未授权车辆进入、违规操作等），系统将自动告警并采取相应的应急措施。

（4）**人工智能应用**。利用人工智能技术对数据进行深度挖掘和分析，例如通过机器学习算法预测车流量高峰期，优化闸口资源配置，利用图像视觉识别技术自动识别集装箱和车辆信息，提高闸口货物和箱体查验效率。

（5）**多种对接协议**。支持多种对接协议，如万维网（Web）服务、文件传送协议（FTP）、电子邮件传送协议（SMTP）等，实现与码头TOS、生产预约系统、海关、电子口岸等平台的无缝对接，打破各业务板块间的数据壁垒。

（6）**移动端多平台互联互通**。通过移动设备（如手机、平板电脑）实现远程监控和操作，支持多种操作系统与平台（如iOS系统、Android系统、Windows系统等），方便工作人员随时随地访问和管理。

智慧港口闸口管理系统主要由如图4-6所示的数据采集与分析、智能堆场安排、智能路线导引、自动调度、预警与优化、用户界面等模块构成。

数据采集与分析模块	智能堆场安排模块
收集货物的重量、类型、运输目的地、装船时间等数据，以及闸口进出的集装箱信息，对闸口交通情况进行动态规划，以满足实际需求	与智能堆场系统联合，根据货物重量、类型、目的地、装船时间等信息，对入港出口的集装箱进行智能安排；为每个集装箱选择合适的堆场位置，并为其预估停留时间
智能路线导引模块	**自动调度模块**
为外集卡提供智能路线导引；通过与智能堆场系统的联动，根据集装箱位置信息和装船时间，自动规划最优路线并引导外集卡至指定位置	根据集卡的到达时间和装船时间，自动安排跨运车进行集装箱转运；通过实时检测堆场和集卡的动态信息，为集卡提供最优的装卸顺序和转运路径
预警与优化模块	**用户界面模块**
针对可能出现的交通拥堵、堆场空间不足、设备故障等问题进行预警；通过数据分析，系统可以预测未来一段时间内可能出现的问题，并为相关人员提供优化建议	以直观易用的界面，使操作人员实时了解闸口的交通情况、集装箱的位置和状态等数据；操作人员也可以通过界面进行一些必要的操作，如放行指令的发出等

图 4-6　智慧港口闸口管理系统主要模块构成

智慧港口闸口管理系统在港口运营中具有至关重要的意义。通过自动识别和智能化管理，智慧港口闸口管理系统不仅大大缩短了进出港的时间和成本，提高了闸口的工作效率和服务质量，而且能够通过实时监控和预警机制，及时发现异常情况并采取相应的应急措施，显著降低安全事故的发生概率。此外，智慧港口闸口管理系统还能对车流量和拥堵情况进行实时监控，从而合理调配闸口工作人员和设备资源，避免资源浪费。在数据价值提升方面，智慧港口闸口管理系统通过对数据的深度挖掘和分析，能够为企业决策提供有力支持。例如，通过对历史数据的分析，预测未来的车流量高峰期，从而提前做好准备，提高运营效率；同时，通过对集装箱和车辆信息的识别，进行物流优化，提高货物流转速度，降低物流成本。在环保方面，智慧港口闸口管理系统的应用可以减少人工检查和纸质单据的使用，降低纸张浪费和碳排放，有利于推动港口的绿色发展。因此，智慧港口闸口管理系统对于现代港口运营而言具有重要的战略意义。

4.3　港口管理决策系统的智慧化

4.3.1　数据分析和预测

在港口运营中，对未来车流量、船只进出港时间、气象条件等数据的准确预测，对于减少港口拥堵、降低运营风险等意义重大。例如，对未来车流量的预测可以帮助港口提前规划并合理分配资源，避免拥堵造成的经济损失和环境压力。对船只进出港时间的预测可以帮助港口更好地协调船舶靠泊和装卸货时间，提高港口吞吐量和运营效率。对气象条件的预测可以帮助港口提前预警并应对极端天气条件，保障港口水上交通和货物运输的安全。

数据预测还可以帮助智慧港口进行精细化决策。例如，通过分析历史数据和当前情况，预测未来某个时间点可能出现的拥堵区域，从而有针对性地调配疏港车辆和资源，以最小的成本和最短的时间解决拥堵问题。同时，数据预测还可以帮助港口了解货物流转情况和客户需求，从而制订更加精准的市场策略和客户服务方案。

在能源管理方面，通过对能源消耗数据的预测和分析，制订更加合理的能源使用计划和减排策略，提高能源利用效率，减少环境污染。例如，通过对未来天气和船只进出港情况的预测，更加精准地规划电力需求和供应，鼓励发展光伏储能、风力储能等清洁能源，降低碳排放和能源成本。

在提高港口自身的安全性和可靠性方面，数据预测同样发挥着重要作用。例如，通过对历史数据的分析和预测，可以及时发现并解决潜在的安全隐患与故障，保障港口运营的安全和稳定。同时，数据预测还可以帮助港口及时预警并应对各种突发情况，提高港口的应急响应能力和风险管理水平。

综上所述，数据预测在智慧港口中具有重要的意义和作用，可以帮助港口实现更加精细化和智能化的管理和决策，提高运营效率，降低成本，保障安全，促进可持续发展。因此，数据预测是智慧港口的核心技术和重要发展方向之一。

如表 4-2 所示，港口数据分析与预测主要包括统计分析、机器学习、人工智能、数据挖掘和专家系统等几种主流方法。

表 4-2 智慧港口数据分析与预测方法

预测方法	预测方式
统计分析	对港口运营数据进行时间序列分析，建立统计模型，用于预测未来一段时间内的趋势或周期性变化，例如对历史船舶到港时间、货物流量等数据进行统计分析，可以找出规律和趋势，为未来的计划和决策提供依据
机器学习	利用机器学习技术对港口数据进行训练和学习，建立预测模型，用于预测未来的数据，例如利用历史船舶到港时间、货物流量等数据，训练一个预测模型，可以预测未来一段时间内的船舶到港时间和货物流量
人工智能	利用人工智能技术对港口数据进行模拟和预测，建立智能模型，实现智能化决策，例如利用人工智能算法对港口运营数据进行模拟和预测，可以预测未来一段时间内的运营情况，为港口管理者的决策提供依据

续表

预测方法	预测方式
数据挖掘	通过对港口数据的深入挖掘和分析，发现数据中的关联和规则，为未来的计划和决策提供依据，例如通过分析历史数据，可以发现船舶到港时间、货物流量等因素之间的关联和规则，为未来的计划和决策提供依据
专家系统	利用专家系统和知识库对港口运营数据进行评估和建议，建立专家模型，为港口管理者的决策提供专业建议和支持，例如通过专家系统对港口运营数据进行分析和评估，可以为港口管理者的决策提供专业建议和支持

这些方法可以单独使用，也可以结合使用，以便更好地预测和决策。在实际情况中，需要根据具体情况选择适当的方法和技术。

4.3.2　智能化的生产决策

智能决策是在基础决策信息感知的基础上，明确决策目标和约束条件，对复杂的计划和调度问题快速做出有效的决策。[58]

数字孪生港口是借助数字孪生平台打造的将港口设施、码头堆场、装卸设备等物理实体虚拟映射到多维场景平台中的技术。通过数字孪生技术，港口管理者可以实时了解港口的运营状况，包括船舶动态、集装箱信息、设备运行状态等，这些数据可以用于分析生产效率和瓶颈问题，为智能生产决策提供重要依据。

如图4-7所示，智慧港口智能生产的决策系统一般采用分布式架构，包括数据采集层、数据处理层、决策支持层、生产应用层和用户展示层，不同决策层间通过数据接口和通信协议相互连接，确保数据传输的实时性和准确性。

图4-7　智能生产决策系统架构

（1）**数据采集层设计**。数据采集层负责利用传感器、RFID、北斗卫星等收集港口生产过程中的船舶位置、集装箱信息、泊位状态、设备状态等各种数据，然后传输到数据处理层进行处理和分析。

（2）**数据处理层设计**。在数据采集层收集到的数据通常是庞杂的，数据处理层所要负责的工作便是对采集到的数据进行清洗、整合和存储，以便后续的决策支持。数据处理层包括数据预处理、数据清洗、数据库建设和数据挖掘等功能，能够从大量数据中提取有用的信息，为决策提供数据大脑支持。

（3）**决策支持层设计**。决策支持层调用专家库、模型库、知识库和方法库等数据库资源，为计划和调度人员提供决策建议和方案。其中，专家库包括有经验的计划和调度人员，他们可以提供实际的经验和判断。模型库包括预测模型、优化模型、仿真模型等，可以根据历史数据和预测信息，自动生成最优的生产计划和调度方案。知识库包括各种生产规则、算法和经验总结等，为系统提供参考和指导。方法库则包括港航大数据决策法、通过地图飞线效果、热力图交互等可视化工具展示港口生产运营状态的数据可视化法以及港口AGV最短路径规划等相关的运筹学决策方法。

（4）**生产应用层设计**。生产应用层包括生产管理、设备管理、作业票管理、辖区管理等，负责将决策支持层的指令和计划通过自动化设备和控制系统应用到包括船舶靠泊、集装箱装卸、设备调度、员工调度等在内的实际生产中，从而提高生产效率和降低成本。

（5）**用户展示层设计**。用户展示层包括网页端、移动端、线下端、部门接口端等，负责以清晰简洁的界面使用户能够轻松直观地在不同的页面和功能之间跳转，以免让用户感到困惑。用户展示层的设计应尽量做到风格统一，如果使用某种颜色方案、字体或间距，要注意确保在整个应用程序或网站中保持一致。另外，要有意识地决定信息的优先级和显示顺序。最重要的信息应该首先显示，然后是次重要的信息，以此类推。

为了确保系统的稳定性和可靠性，智慧港口智能生产的决策系统还应具备以下特点。

（1）**高可用性和可扩展性**。系统应采用分布式架构，能够实现负载均衡和容错处理，确保系统的可用性和稳定性。为了满足日后港口根据业务发展对系统不断升级，系统还应具备功能可扩展性。

（2）**标准化和开放性**。系统应采用标准化的接口和通信协议，达到与其他系统集成互联的效果。此外，系统应具备开放性，能够方便地添加新的功能和模块，以适应不断变化的需求。

（3）**安全性和隐私保护**。系统应确保商业数据的机密和完整，抵御黑客入侵和木马攻击；同时，系统应采用访问控制与身份认证等措施，以保护用户的信息安全和隐私。

（4）**易用性和用户体验**。系统应具备易用性和良好的用户体验，使用户能够方便快捷地进行操作和交互，降低企业培训成本。

4.3.3 智能化的风险管理

智慧港口的风险管理是一个多层次、多维度的过程，需要从多个角度出发进行全面的管理和控制，确保智慧港口的稳定和可持续发展。总的来看，智慧港口智能化的风险管理主要涉及以下几个方面。

（1）**港口运营安全风险**。智慧港口的核心在于通过数字孪生平台对港口运营进行实时监测和管理，从而确保港口的安全性和可靠性。在这个过程中，需要关注港口周边环境的监测和分析，预测自然灾害等风险的发生概率和影响范围，以预防潜在的安全风险。

（2）**货物安全风险**。智慧港口也需要对货物进出港进行严格的监管和管理，以防止货物丢失或被盗等情况的发生。智慧港口的数字孪生平台可以通过实时数据监测和预警，对货物安全风险进行有效的识别、评估和控制。

（3）**人员安全风险**。智慧港口还需要对港口人员安全进行管理，包括员工的安全意识和技能的培训、职业健康安全管理体系的建立和完善等。同时，对于危险品等特定货物的运输和处理，智慧港口也需要采取特殊的安全措施，确保职员的安全。

（4）**网络安全风险**。智慧港口的核心依赖于各种信息系统和网络设施，因此网络安全风险也是智慧港口必须关注的重要方面，需要建立完善的信息安全管理制度和技术防范措施，确保智慧港口的信息系统和数据安全。

（5）**环境污染风险**。在智慧港口的建设和运营过程中可能产生污染物排放、施工和作业噪声、扬尘等负面环境影响，因此在智慧港口的设计阶段就需要提前对环境风险进行评估和管理，打造减污低碳的绿色港口。

如图 4-8 所示，智慧港口的智能风险管理系统通常采用分级管理模式，主要由港口终端设备、监控中心和安全管理层三级构成。

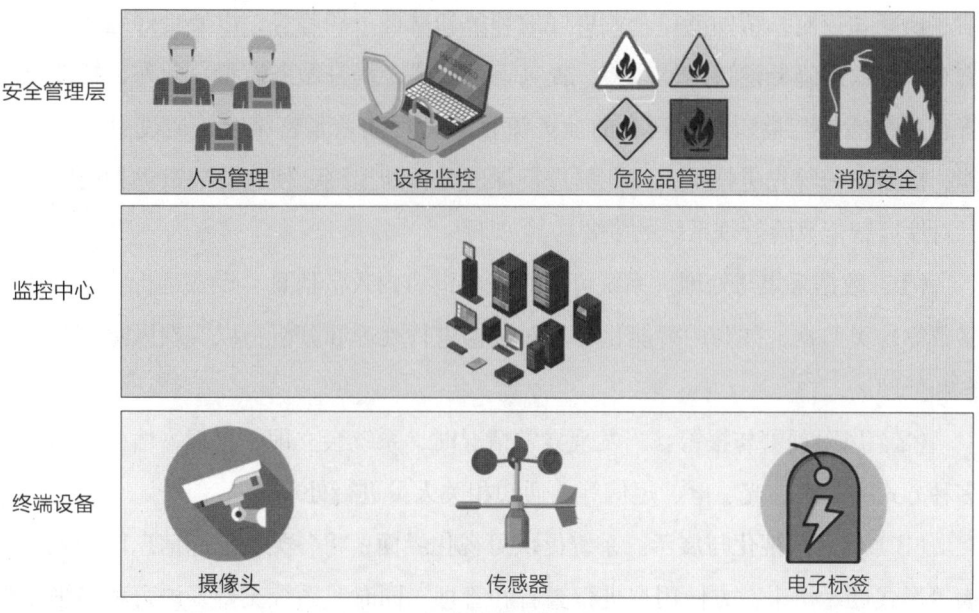

图 4-8 智能风险管理系统

（1）**终端设备**。终端设备是系统的基础部分，主要负责实时采集各类数据和信息，包括摄像头、传感器、电子标签等。

（2）**监控中心**。监控中心是系统的核心部分，负责集中监控港口内的各类风险因素：①视频监控。通过高清摄像头对港口内各个区域进行全方位的视频监控，并可对监控画面进行智能分析，实现自动报警和录像等功能。②数据监控。通过采集各类传感器和设备的数据，实现对港口内环境参数、设备运行状态等数据的实时监测和控制。③报警处理。对系统检测到的火灾、盗窃、过冷等各类报警信息进行处理，通过云平台或移动终端向管理者播报。

（3）**安全管理层**。安全管理层主要负责全面监督和管理港口的安全防范工作，包括人员管理、设备监控、危险品管理、消防安全等方面：①人员管理。实现港口员工信息、在岗状态、工作流程等信息的统一管理，并可对员工进行远程培训和考核。②设备监控。实时监控港口内各种设备的运行状态，对异常情况进行报警和记录。③危险品管理。对港口内各类危险品进行全生命周期管理，包括危险品入库、存储、出库等环节，有效控制危险品的安全风险。④消防安全。存放危化品的堆场极易发生火灾或爆炸事故，智能化消防系统可以实现消防设备的在线监控和维护，及时发现和处理火灾隐患。

智能风险管理系统能够通过对港口运营过程中的各种风险进行实时监测、评估、预警和控制，帮助港口企业更好地理解和掌握市场趋势，以便更好地满足客户需求，有效地降低港口运营风险，提高运营效率，提升服务质量。此外，智能风险管理系统能够与港口企业现有的业务流程和管理体系紧密结合，通过引入人工智能、机器学习等先进技术，对数据进行深度分析和挖掘，使企业决策更具前瞻性和针对性。智能风险管理系统的主要功能如下。

（1）**数据采集与处理**。系统可实时采集港口内人员信息、设备运行状态、环境参数等各类数据，并利用智能化算法对数据进行处理和分析，以实现风险的及时发现和处理。

（2）**风险预警与报警**。当发现异常情况时，系统会立即发出报警信号，并通过多种方式（如声、光、电、短信等）通知相关人员进行处理。

（3）**信息可视化与展示**。系统提供可视化界面，将各类数据和信息以图表、报表等形式展示出来，方便用户进行查看和管理。同时，系统支持多语言和多平台操作，可实现不同用户之间的无缝对接。

（4）**数据存储与分析**。系统的数据存储与分析功能可实现将采集到的各类历史数据存储到数据库中，也支持管理者实时查询历史数据、分析和挖掘潜在信息，为安全管理提供决策支持。

（5）**移动应用支持**。系统支持手机app、平板桌面应用、门户网站、对讲机等移动终端设备接入，实现设备的远程监控和在线管理。

本章课件

第 5 章
智慧港口管理系统

在生物学中，系统是指由多个器官、组织或细胞组成的结构，这些生物体结构为了完成特定的生物学功能或维持有机体的生命活动而协同工作。在智慧港口管理中，系统则是指综合应用大数据、物联网、云计算、智能感知等新一代信息技术，将港口的智能化硬件设备与数据软件平台相结合，实现港口的全面感知与泛在互联，促进港口组织生态圈中各种资源要素和利益相关方的有机连接与联动，以构建更加智能、安全、高效、柔性、绿色、人文的现代化港口。因此，建设智慧港口最重要的是设计并应用好智慧港口管理系统。[59]

5.1 智慧港口管理系统方案框架

5.1.1 智慧港口管理系统基本条件

作为建设智慧港口信息管理系统的主导者，港口运营方应结合物联网、大数据等技术手段并充分利用各种软件系统和硬件设备，广泛收集港口包括但不限于货物装卸状态、船舶航行状态、泊位状况、堆场使用情况、人员流动情况等的各类信息。通过系统化的数据采集和整理，可以实现对这些数据的深度分析和挖掘，从而为港口企业的运营决策提供科学依据。

在数据的加工、输送和存储方面，智慧港口信息管理系统需要具备高效的数据处理能力。因此，智慧港口系统应充分利用大数据处理技术对海量数据进行快速处理和分析，使用云计算技术实现数据的存储和备份。为了保证数据的准确性和可靠性，系统还需要具备数据清洗和筛选功能，排除无效和错误数据。在数据的更新及维护方面，智慧港口信息管理系统需要建立一套完善的数据更新机制。为了保证数据的有效性，系统需要不断收集新的数据，并对数据进行及时的更新和维护。为了确保数据的安全性和保密性，系统应具备数据安全防护机制。此外，为了方便用户的使用，智慧港口信息管理系统还需要具备良好的用户界面和操作体验。用户界面应该直观明了，易于理解和操作；同时，系统可以利用人工智能提供灵活的交互方式来满足不同用户的需求。这样，无论是港口企业的管理人员、工作人员还是货主、船东等用户，都可以通过智慧港口信息管理系统轻松获取所需的信息，完成各项业务操作。因此，一套高效完善的智慧港口信息管理系统应具备以下条件。

（1）**具备高效的数据采集和处理能力**。智慧港口信息管理系统可以利用大数据和物联网技术对各类数据进行分析、处理、挖掘，提供有价值的洞察和预测，满足港口及各产业的需求。在建设过程中，需要注重系统的可扩展性，便于后期维护和升级，同时要科学设置系统功能，提升系统的可操作性。

（2）**具有良好的可扩展性，便于后期维护和升级**。智慧港口信息管理系统应该采用统一设计、分阶段建设的方式，确保系统的可扩展性和灵活性。在系统建设过程中，需要考虑未来的业务发展方向，提高系统的适应性，以应对未来可能出现的新需求和变化。同时，要注重系统的可维护性，方便后期升级和维护，保证系统的长期稳定运行。[60]

（3）**确保港口高速运转的需求，有效满足各项业务发展需求**。智慧港口信息管理系统应该能够充分满足港口各个时间段的船舶靠泊、货物装卸、堆场管理、运输组织等业务需求。在满足日常业务智慧化运营的同时，具备优良的应急响应能力，在遇到紧急情况时能够快速响应并做出相应的处理，确保港口的正常运转。

（4）具备高度的安全性和可靠性。智慧港口信息管理系统涉及港口的运营命脉，因此必须具备高度的安全性和可靠性，可通过数据加密、权限控制、备份恢复等措施确保系统数据的保密性和完整性。同时，系统需要具备容错机制，避免因偶然失误而导致系统崩溃或数据丢失。

（5）具备友好的用户界面和操作体验。自动化无人码头虽然极大地解放了生产力，但也使许多员工面临失去工作的困境。在智慧港口的建设中，如何安置现有员工是企业必须解决的难题，因此如果智慧港口信息管理系统需要较简洁明了的工作界面和容易上手的操作体验，则可以安置一部分现有员工到信息管理部门工作，不仅解决了现有员工的安置问题也降低了企业招聘高学历人才的用工成本，使用户能够方便快捷地完成各项操作任务。此外，系统还应该具备智能提示和帮助功能，使用户能够快速掌握系统的操作方法。

5.1.2　智慧港口管理系统基本架构

设计并应用智慧港口管理系统，其最终目的是适应生产和满足客户实际需求。针对港口运行中人、资源、业务三大禀赋要素，可将智慧港口管理系统分为人员管理系统、资源管理系统和业务管理系统三大模块，各个系统模块的数据集成于云计算中心港口管理系统平台，最终形成完整的"三位一体"框架。系统整体框架内容如图5-1所示。

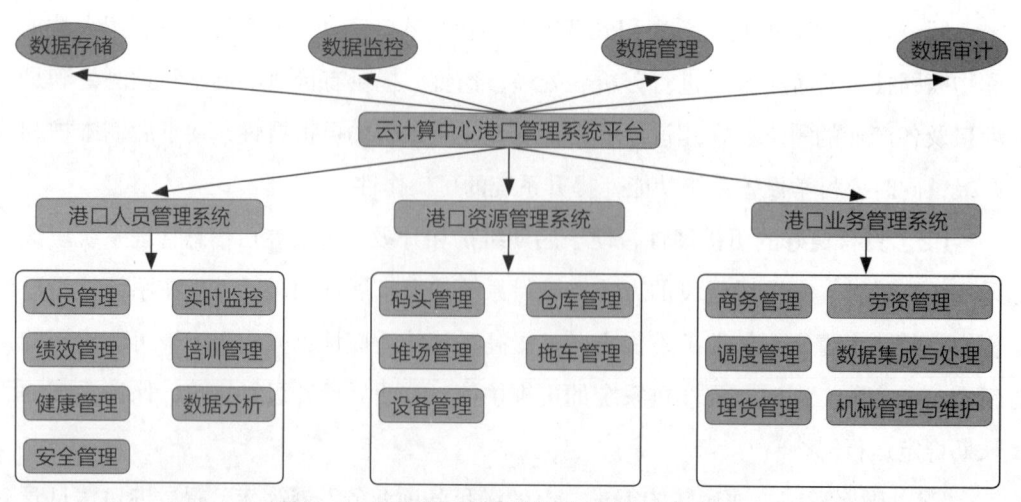

图5-1　智慧港口管理系统"三位一体"框架

5.2 港口人员管理系统

5.2.1 港口人员管理系统模块构成

港口人员管理系统主要用于港口企业人员（包括正式员工、实习生、外聘人员等）的基本信息、合同信息、岗位技能、工作效率、薪资等方面的管理和跟踪。它可以帮助港口企业更好地了解和掌握员工的情况，更有效地安排人力资源，提高工作效率和降低成本。同时，港口人员管理系统还可以与财务管理系统、物资管理系统、安全管理系统等系统相集成，实现信息的共享与协同工作，进一步提升港口企业的运营效率和安全性。

如表 5-1 所示，智慧港口人员管理系统的功能模块主要包括以下内容。

表 5-1　港口人员管理系统模块构成

模块	主要功能
人员管理	用于管理港口员工的信息，包括基本信息、职务、资质、健康状况等，便于企业人事部门的工作安排
实时监控	通过各种传感器和监控设备，实时监测港口内的状况，包括人员位置、安全状况、交通情况等。在危化品堆场区域可以布设电子围栏，防止非指定人员靠近该区域，如有异常情况实时报警，提醒该人员和管理人员提高警惕，保障人身安全或区域安全
数据分析	利用数据挖掘和机器学习等技术，为人员的选拔和晋升提供依据，提供人员管理的决策支持
培训管理	主要用于员工的培训和教育，通过线上或线下的方式进行培训内容的制订和安排，同时对员工的培训结果进行考核与评估
绩效管理	收集和分析员工的工作数据，为人事部门发放绩效奖励提供依据
健康管理	可将员工定期体检数据上传至该模块，便于企业关注员工的健康状况，确保员工的身体健康
安全管理	实时监控港口的安全状况，及时发现和处理安全问题，确保港口的正常运行。可查询任意时间段内任意施工人员、运行车辆的历史活动轨迹，为人员管理提供数据依据

这些功能模块彼此相互协作，共同构成了智慧港口人员管理系统，旨在提高港口人员管理的效率和安全性。需要注意的是，不同智慧港口系统的具体功能模块可能会有所不同，具体应根据港口的需求和条件进行选择与设计。

5.2.2 港口人员管理系统技术架构

如图 5-2 所示，港口人员管理系统的技术架构分为数据采集、数据处理与分析以及数据呈现与应用三大流程。

流程1：数据采集　　流程2：数据处理与分析　　流程3：数据呈现与应用

图 5-2　港口人员管理系统工作流程

（1）**数据采集**。在这个阶段，数据的主要来源是通过 RFID、一卡通、考勤机等工具收集的员工姓名、性别、年龄、职务等基本信息，还会收集员工的资质情况，如是否具有相关证书、技能熟练程度等。同时，通过打卡、定位等方式收集人员的工作任务情况，包括工作的开始和结束时间、工作地点、工作内容等。此外，系统还会收集港口的货物信息和车辆信息等。

（2）**数据处理与分析**。这个过程主要包括对原始数据的审核和筛选，去除错误和重复的信息，通过进一步分析处理得到有用的信息。例如，通过对人员工作效率的分析，可以了解哪些人员的工作效率较高或较低，从而进行人员的调度和任务的调整。通过对人员工作状态的分析，可以了解人员的工作状态如何，是否出现疲劳、疏忽等情况，从而进行必要的安全管理。

（3）**数据呈现与应用**。上述分析得到的数据需要以图片、报表等方式呈现，为管理人员提供决策依据。这些数据可以展示人员的工作效率和状态，也可以反映港口货物和车辆的运行情况。管理人员可以通过这些数据对人员调度、资源配置、安全管理等进行决策和调整。例如，如果数据显示某个区域的货物量过大，可能需要增加该区域的工作人员数量或者调整货物的运输路线。

5.2.3 港口人员管理系统应用趋势

智慧港口人员管理系统的未来发展趋势主要体现在以下几个方面。

（1）**数据分析的深度和广度不断提升**。随着数据的积累和技术水平的提高，未来的智慧港口人员管理系统将更加注重数据的深度和广度分析，为管理决策提供更加准确和全面的支持。

（2）**人性化与智能化程度不断提高**。未来的智慧港口人员管理系统将更加注重人性化和智能化，例如通过人工智能技术实现自动化决策，通过智能终端设备提高人员工作效率等。

（3）**与其他系统的集成与融合**。未来的智慧港口人员管理系统将更加注重与其他系统的集成与融合，例如与货物管理、车辆管理、安全监控等系统的无缝对接，实现信息的共享和协同作业。

（4）**移动化与云端化趋势明显**。未来的智慧港口人员管理系统将更加注重移动化和云端化，例如通过移动app实现随时随地的信息查询和处理，通过云端技术实现数据的集中存储和处理。

（5）**安全性与可靠性不断提升**。未来的智慧港口人员管理系统将通过数据加密算法、安全认证、区块链、传输保护等技术提高安全性和可靠性。

5.3 港口资源管理系统

5.3.1 港口资源管理系统模块构成

港口资源管理系统是依托云计算、大数据、物联网、人工智能等先进技术，针对港口运营和管理中的各类资源进行管理与调配的一系列系统的总称。系统主要包括资源规划、资源调度、作业协同、数据统计与分析等功能。如表5-2所示，智慧港口资源管理系统主要由以下模块构成。

表5-2 港口资源管理系统模块构成

模块	主要功能
码头管理	对港口内码头泊位、船舶、装卸设备等资源进行管理和调度。可以实时监控码头的使用情况，优化船舶和装卸设备的调度，提高码头的通过能力和运营效率
仓库管理	管理港区仓库的货物库存、进出库情况等。可以实时监控库存情况，快速准确地完成货物的进出库操作，并可以对库存进行预警和预测，避免库存积压和缺货现象的发生
堆场管理	对港口内的堆场、集装箱、货物等资源进行管理。可以实现堆场的自动化管理，提高堆场的利用率和货物安全性，同时可以实时监控堆场内集装箱和货物的位置与状态
拖车管理	对港口内拖车、集装箱等资源进行管理。可以实时监控拖车的位置和状态，优化拖车的调度和路径规划，提高拖车的使用效率和运输效率

续表

模块	主要功能
设备管理	对港区龙门吊、AGV、集卡、清扫机械等的日常使用、备件、设备履历、故障统计等进行管理。它是一种信息管理系统，可以自动收集并更新设备信息、状态和维修保养情况，以适应港口企业的设备管理需求

5.3.2 港口设备管理系统技术架构

智慧港口资源管理系统通常采用的是由数据采集层、数据处理层、应用层和用户展示层组成的分层架构实现对设备全生命周期的管理。数据采集层负责收集港口的运营数据，包括港口的吞吐量、船期、货物种类等数据，以及堆场、泊位、装卸设备等资源的分配计划数据等。数据处理层根据采集到的实时港口运营数据，对数据资源进行动态调度，优化资源配置，提高资源利用效率。例如，通过智能算法自动调整堆场货物的存放位置，以提高货物的装卸效率。应用层实现各功能模块的逻辑处理，港口相关部门通过与海关、边检、海事等部门的协同办公，实现港口作业的高效协同。用户展示层则作为最终环节将以上处理得到的数据以人机交互的形式推送给用户。

山东港口日照港与华为技术有限公司共同研发的智慧设备管理平台，是一个集设备全生命周期管理于一体的创新解决方案。该平台针对设备的购置、调拨、报废等关键环节，以及设备的日常管理、使用、养护和维修等全过程，进行了全面而细致的规划与实施。该平台涵盖了设备管理、成本管理、外协管理、状态监测等核心功能，构建了一套"1+5+N+A"的智慧运维系统，为港口设备管理带来了全新的应用场景。这一智慧设备管理平台通过数字可视化管理，实现了设备信息的实时更新与共享，使管理人员能够迅速掌握设备的运行状态和维修需求。同时，平台能够自动分析设备故障，提供有针对性的维修建议，大大提高了维修效率和准确性。此外，平台还通过精准流程管控，规范了设备维修的各个环节，避免了维保标准不统一、各区域协同不高效等问题，有效提升了港口设备管理的整体水平。山东港口日照港智慧设备管理平台的上线运行，不仅解决了以往纸质工单流转慢等业务难题，还全面支撑了港口维修体制向集中化、智慧化方向的转变。这一创新举措将有力推动山东港口日照港的设备管理水平再上新台阶，为港口的可持续发展注入新的动力。

5.3.3 港口资源管理系统应用趋势

智慧港口资源管理系统将更加注重技术创新和实际应用，应用趋势主要体现在以下方面。

（1）**自动化和智能化**。未来的智慧港口资源管理系统将更加依赖人工智能、机器学习和大数据分析等先进技术，实现更高程度的自动化与智能化。例如，系统可以通过对历史数据的分析，自动预测未来的货物吞吐量和船舶到港时间，为资源规划提供更加准确的数据支持。

（2）**5G 和物联网技术的应用**。5G 和物联网技术将为智慧港口资源管理系统提供更高效和稳定的通信支持。通过在这些技术上构建港口运营的感知网络，系统可以实时监测港口的各项运营活动，提高决策的及时性和准确性。

（3）**无人驾驶技术的应用**。欧洲最早建成的荷兰鹿特丹 ECT 码头是 AGV 无人驾驶技术在港口应用落地的代表，如今毫米波雷达、5G、新能源等技术的不断更新让越来越多的港口走上了无人化运营的道路。无人驾驶集卡可以大大提高集装箱的水平运输效率，而无人驾驶的桥吊和轮胎吊则可以实现集装箱的自动化装卸和搬运，提高作业的安全性和效率。

（4）**优化堆场和泊位管理**。堆场是集装箱货物存放、转运、装卸的场站，泊位是进出港船舶靠离泊作业、货物装卸的场所，堆场和泊位的管理水平直接影响货物在港周转效率。智慧港口资源管理系统通过引入先进的算法，根据船舶的大小、货物的类型和到港时间等因素，智能化分配泊位和堆场，有效提高了港区资源的利用率。

（5）**跨部门协同作业**。智慧港口资源管理系统对于加强港口与海关、边检、海事等部门的协同作业，推进港航供应链一体化建设，实现信息的共享和业务的无缝对接具有重要作用。

总的来说，未来的智慧港口资源管理系统将在技术创新和实际应用方面取得更大的进展，为全球港口的数字化转型和创新发展提供更强大的支持。

5.4　港口业务管理系统

5.4.1　港口业务管理系统模块构成

港口业务管理系统主要是指用于港口生产、管理、服务等多方面工作的综合信息系统。如图 5-3 所示，港口业务管理系统是由港口运营过程中内循环和外循环两个方面组成的综合管理系统。从内循环角度看，港口业务管理系统主要围绕船舶到港、港口到堆场的过程进行管理。它通过自动化、智能化的技术手段，对船舶靠港、装卸货、堆场规划、仓库管理、设备维护等环节进行全面监控和管理，其中包括船舶的调度、堆场的规划、货物的装卸和搬运、仓库的出入库管理和设备的维护等功能。港口业务管理系统可以提高港口的运营效率，减少人力成本，提高服务质量，保障港口内部的顺畅运转。从外循环角度看，港口业务管理系统包括进口工厂、出口工厂、重箱和空箱运输等方面的管理。对于出口工厂，系统可以管理货物的生产、打包、装车等环节，确保货物及时、准确运达。对于进口工厂，系统可以管理货物的卸货、仓储、分拣等环节，保障货物及时到达工厂并顺利投入生产。

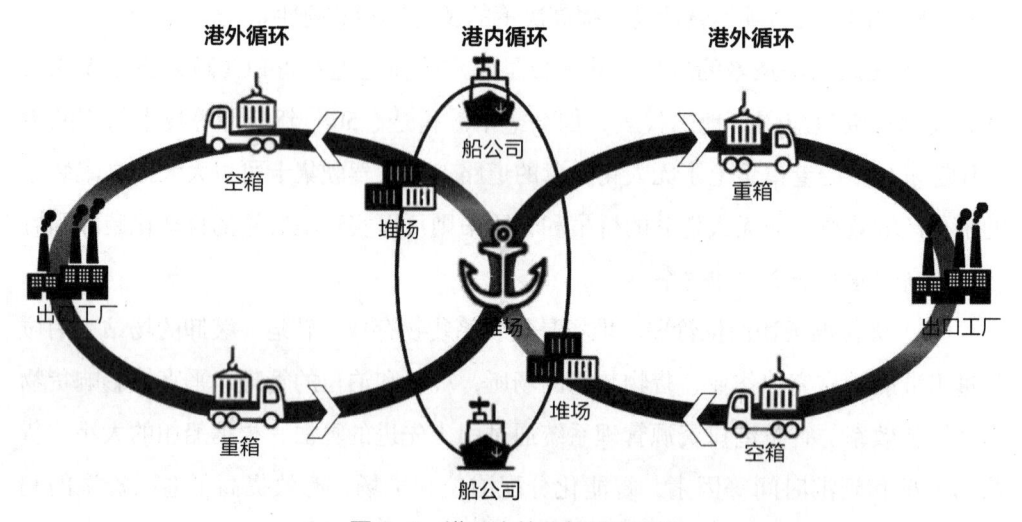

图 5-3　港口内外业务循环网络

综合来看，港口业务管理系统是围绕港口运营的各个方面进行管理和优化的综合信息系统。它以信息化、自动化、智能化技术为支撑，实现对港口各个环节的实时监测、数据分析和智能决策，以提高港口的效率、安全和环保水平。智慧港口业务管理系统可以设计为如表 5-3 所示的主要功能模块。

表 5-3　港口业务管理系统模块构成

模块	主要功能
商务管理	包含商贸招商、进出口贸易合同签订、业务报价询价等功能，负责与海关、边防、检疫等口岸部门进行协调，以提供高效、便捷的通关和口岸服务；同时，还为旅客提供安全、便捷的出入港服务
调度管理	包含船舶航次指令、腹地铁路调度、货物装卸调度、码头设备运行指令的发布和指令执行监控等功能，以支持港口调度部门的业务需求
理货管理	为理货员提供理货现场图片上传、理货单据和理货数据上报、货物溢短装处理等功能，便于维护承运人、托运人及港口方的利益

续表

模块	主要功能
劳资管理	整合港区劳动资源，确保港口业务中的员工劳资分配与业绩挂钩，确定劳资装卸定额、工资奖金激励机制，强化企业对劳动法规的遵守和执行
数据集成与处理	集成来自货物装卸存储、船舶靠泊坞修、码头设施服务、港口配套业务等在内的数据并进行可视化处理
机械管理与维护	包括从设备采购需求发布到资产入账、设备日常管理、设备报修维护、润滑保养、报废折旧等全生命周期的管理

此外，为了提高系统的可用性和可维护性，还应考虑包括系统管理、日志管理、用户权限管理等其他辅助功能模块。每个模块应具备相应的输入、处理和输出功能，以满足系统的各项需求。总的来说，港口业务管理系统是一个复杂的系统，它涉及港口的各项业务活动，需要协调和管理各种资源，以确保港口的高效运营和发展。

5.4.2 港口业务管理系统技术架构

如图 5-4 所示，智慧港口业务管理系统技术架构通常由环境支撑层、信息管理层、服务层、用户界面层和安全保障层等构成。

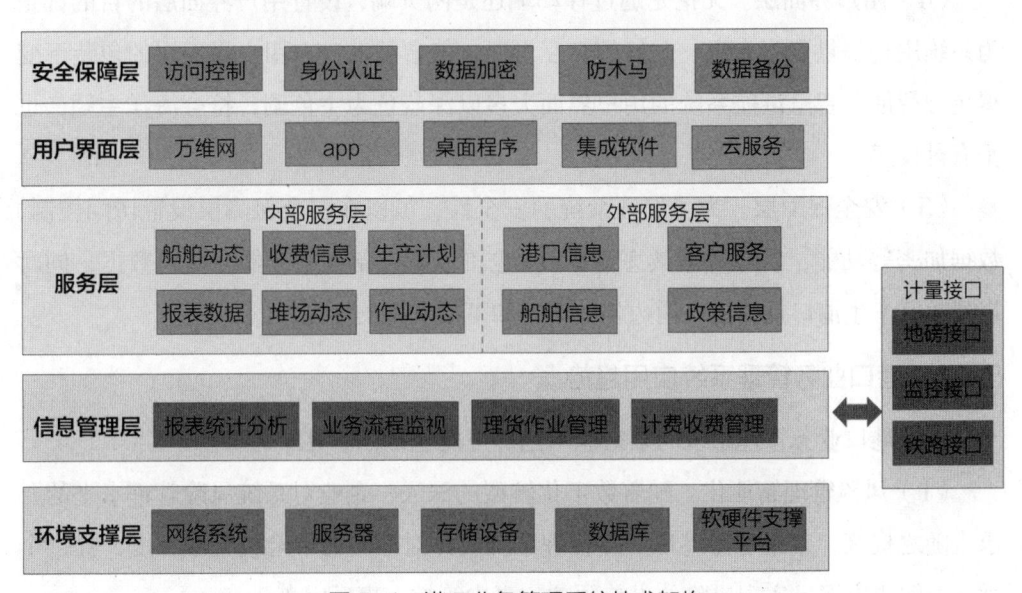

图 5-4 港口业务管理系统技术架构

（1）**环境支撑层**。环境支撑层是港口业务管理系统的最底层架构，包括网络系统、服务器、存储设备、数据库、应用服务器和 Web 服务器等软硬件支撑平台。这些平台是系统运行的基础，提供计算、存储和通信功能，以确保系统的稳定性和可用性。

（2）**信息管理层**。作为系统核心的信息管理层采用的是.NET框架技术、Android技术及其他相关技术，主要负责处理核心业务逻辑，实现生产管理、商务管理、生产统计等多元化的港口业务管理功能。此外，信息管理层还囊括了控制系统数据接口、监视系统接口和众多现有应用系统的接口，从而实现数据间的流畅共享与交互。[61]该层次特别突出计量接口、生产业务管理和统计分析三个部分之间的数据交换与共享关系。通过构建统一的数据平台和共享机制，这三个部分得以相互配合，进一步提升业务处理的效率和精确度。

（3）**服务层**。按照服务对象不同，服务层可采用Web技术划分为内外两个部分：服务于高层领导、生产业务等相关部门的内部操作用户的内部层，包括一些管理、监控和决策支持功能，旨在帮助内部用户实现对港口业务的全面管理和监控；面向货主、货物代理、船代、政府机关等外部操作用户的外部层，主要包括一些与外部用户交互的功能，如在线查询、预约、申报等，旨在改善用户体验，提高港口业务处理效率。

（4）**用户界面层**。无论是通过移动端还是网页端，设置用户界面层的目的都是为系统用户提供更为直观、友好的交互页面，使智慧港口在用户界面层的包装下变得更加智能。智慧港航系统的用户界面大多以深蓝色为主色调，符合海洋主题，也富有科技感。

（5）**安全保障层**。为了保证系统的安全性，可以在安全保障层设置访问控制、数据加密等功能，防止数据被恶意篡改；也可以配设备份服务器以备份数据，同时搭建数字孪生港口预测港口周边各种灾害和事故发生的可能性。

5.4.3　港口业务管理系统应用趋势

智慧港口业务管理系统的未来应用趋势可能包括以下几个方面。

（1）**风险管理智能化**。随着数字化转型的深入，企业对系统风险管理水平的要求也随之提高，未来智慧港口业务管理系统应针对不同的风险类型和程度，提供个性化的解决方案，实现风险的事前预防、事中管控、事后完善。

（2）**业务协同和数据共享**。未来智慧港口业务管理系统将更加注重业务协同和数据共享。系统将通过统一的数据平台，实现不同部门之间的信息共享和协同作业，优化业务流程，提高工作效率和质量。同时，通过数据分析和挖掘，系统将能够为企业提供更加精准的决策支持，助力企业发展。

（3）**移动化和远程管理**。随着移动互联网的发展，智慧港口业务管理系统将越来越注重移动化和远程管理的实现。通过移动设备，企业管理人员和员工可以随时随地进行工作，提高工作效率和响应速度；同时，远程管理也使得企业可以更加便捷地进行跨地域管理和监控，提高企业的整体运营效率。

（4）**人工智能和机器学习的应用**。当前我国大部分港口的智慧化程度仍然有限，未来在集装箱箱体识别、自动驾驶、智能监控、数字孪生等领域都有巨大应用前景。

（5）**区块链技术的应用**。区块链技术具有去中心化、安全可信、透明化等特点，在智慧港口的单据无纸化、船舶瞒报或谎报的检查、合约签订等业务管理系统中可以发挥重要作用。

综上所述，智慧港口业务管理系统的未来应用趋势将更加注重智能化、协同化、移动化、远程管理和人工智能、机器学习，以及区块链技术的应用。这些技术的应用将助力企业提高运营效率、降低成本、增强风险管理能力、创造更多的经济效益并提供更好的用户体验。

本章课件

第 6 章
港口供应链的智慧协同发展

　　港口供应链的智慧协同发展是指在智慧港口的基础上,实现港航供应链各环节之间的信息共享和协同作业。这包括港航协同、港腹协同和跨港协同等方面。通过信息共享和协同作业,可以实现资源的优化配置、提高运输效率、减少物流成本、增强供应链韧性等方面的目标。因此,推进港口供应链的智慧协同,打破时间、空间和部门限制,优化港口供应链业务流程、提高生产运作效率,是未来港口供应链发展的必然趋势。[62]

6.1 港航协同

6.1.1 港航协同的内涵

港航协同主要是指港口与航运企业之间在战略、运营及操作层面的深入合作，以实现物流效率的提高和成本的降低。港口和航运企业的合作，可以更好地满足客户的需求，提高物流效率和服务质量。例如，在战略规划方面，港口和航运企业可以共同制订中长期物流规划，以更好地满足客户的物流需求；在运营管理方面，港口和航运企业可以共同制订运营计划和管理制度，以实现更高效、更低成本的运营；在信息共享方面，港口和航运企业可以通过信息系统的对接和数据共享，提高信息传递的效率和准确性。

港口和航运企业可以通过以下合作方式提高运营管理的效率。

（1）**共同制订运营计划和管理制度**。港口和航运企业可以定期举办行业交流会、洽谈会等活动，共同制订航次运营计划和相关管理制度，以实现更高效、更低成本的运营。

（2）**优化业务流程**。港口和航运企业可以共同制订包括船舶进出港、货物装卸、仓储管理等在内的业务流程，借助智慧港口新兴技术实现业务流程的无缝对接和高效协同。

（3）**加强信息共享**。港口和航运企业可以通过信息系统的对接和数据共享，提高信息传递的效率和准确性。例如，港口和航运企业可以通过EDI系统或互联网平台实现信息的共享和交互，提高信息传递的效率和准确性，避免信息丢失或不对称。

（4）**加强人才培养和交流**。港口和航运企业可以加强人才培养和交流，提高员工的专业素质和管理能力。例如，港口和航运企业可以定期组织员工培训、经验交流会、港航协同高端论坛等活动，提高员工的专业素质和管理能力，推动企业的发展和创新。

总之，通过共同制订运营计划与管理制度、优化业务流程、加强信息共享及人才培养和交流等方式，港口和航运企业可以实现更高效、更低成本的运营管理，提高企业的整体效率和竞争力。

虽然伴随着大数据时代的到来，越来越多的港口和航运企业意识到协同化对企业发展的重要意义，然而在港航协同发展中仍然存在一些困难与挑战，具体表现在以下方面。

（1）**长期以来，为争夺腹地货源、港口人才、平台资源，不少港口或港口群之间存在着严重的内耗竞争，造成了一定程度的资源浪费。**[63]由于港口建设初期的总体规划布局缺乏考虑，港口之间腹地市场交叉，集装箱、干散货、液散货等货源存在着无序竞争甚至恶性竞争。一些港口在码头泊位建设、港口航线发展、航运业务发展等方面盲目追求"大而全"，缺乏一体化规划，造成一定程度的资源浪费和资源错配。此外，港口和航运企业之间没有完善的利益分享机制。目前，港航合作还停留在个别项目和自发合作的层面，缺乏系统的合作机制。政府部门在促进合作方面的作用不是很明显，大多数企业都持观望态度。港航协同发展中的利益共享机制仍在探索中，合作仍存在许多障碍。此外，一些地区由于属地管理与实际经营主体不一致，矛盾突出。因此，为了解决这些问题，有必要建立更好的全国港口总体规划与合作机制，完善区域合作与发展管理体系，实现资源的有效利用和港口集群的协调发展。当港口和航运企业在业务理念、管理模式和业务流程等方面存在差异时，需要双方协调沟通，以实现合作的有效性和顺畅性。

（2）**港口和航运企业间的集疏运通道可能存在瓶颈。**尽管全国各个港口的航运发展水平各不相同，但一个共同的问题是，相对于港口物流需求，现有的港口集疏运系统仍存在不足。首先，公路运输仍然是国内港口主要的集疏运方式，公路运输相对铁路运输占比较高，制约了港口集疏运效率的提高。其次，铁路、内河航道等集疏运渠道面临瓶颈制约。部分港口铁路支线建设滞后，进港通道受沿线桥梁净空明显制约，提升改造难度较大，导致铁路和内河集疏运优势难以充分发挥。最后，多式联运一体化水平相对较低，全国跨区域港口集疏运通道统筹规划不足，导致区域间发展不均衡。公共交通、轨道交通、水运等多种交通方式衔接不足，特别是海铁联运存在不足。全国各港口集装箱海铁联运比例普遍较低，与发达国家平均水平相比差距较大。因此，为了解决这些问题，有必要升级和完善全国各港口的集疏运系统，提高多式联运一单制、一箱制和一站式衔接的水平，充分利用各种集疏运方式的优势，满足不断增长的港口物流需求。

（3）**口岸通关信息互联互通和一体化仍存在困难和瓶颈。**首先，港口和航运企业之间可能存在信息不对称和滞后的数据积累，这可能导致运营效率低和质量不稳定。双方需要加强信息共享和数据对接，实现信息的及时准确传递。目前，航运业的"信息孤岛"现象相当普遍。尽管港口和航运企业之间有众多的港航信息平台，但这些平台之间的信息共享仍停留在港口集团内部，在外部各企业的多个平台之间没有信息共享。其次，区域港口通关一体化仍然存在障碍和制约因素。跨地区通关互认仍不够顺畅，存在"多申报、多检查"现象，通关效率与发达国家相比仍有差距。国际贸易"单一窗口"尚未完全开放，亟待建立一体化的"大通关"机制。因此，为了解决这些问题，有必要加强全国各港口之间的信息整合与共享，推动港口一体化通关进程。政府部门和港口企业应共同努力，打破"信息孤岛"，促进信息共享与互操作性。同时，要优化通关流程，提高通关效率，建立一体化的"大通关"机制，更好地服务于国际贸易和港口航运业的发展。

总之，港航协同可能面临各种困难和挑战，需要双方共同努力与协商，以实现合作的目标和利益的最大化。

6.1.2　港航协同案例——江苏港口全力推进港航协同发展

江苏省港口集团信息科技有限公司自主研发了"智能航运"综合信息管理平台。该平台旨在整合航运业务要素资源，优化资源配置，全面推进集团的港航协同一体化进程。该平台通过先进的信息技术手段，实现对航运业务全过程的监控和管理。该平台集成了船舶调度、货物跟踪、数据分析等功能，提高航运业务的效率和可靠性。同时，该平台还促进了不同部门之间的信息共享和协作，优化资源配置，降低成本。

江苏远洋运输有限公司（以下简称"江苏远洋"）是江苏省港口集团有限公司的全资子公司，在过去其船代操作人员必须经历一个烦琐且易出错的流程，才能将生产数据发送给如图 6-1 所示的港口 TOS 系统进行审核确认。首先，操作人员需要从集运系统中导出生产数据为 Excel 文件，然后将这些文件中的主数据代码手动替换成港口的标准代码。其次，操作人员必须登录到集团集装箱一体化运营服务中心的网站，上传这个已经被修改过的表格。最后，服务中心会将这个表格发送到港口 TOS 系统进行审核确认。这个过程不仅耗时，而且容易出错，因此人工成本很高，工作效率较低，从而限制了港航融合的进一步发展。

然而，现在情况已经发生了变化。随着"智能航运"综合信息管理平台的上线，江苏远洋实现了生产数据的自动化处理和实时跟踪，船代操作人员不再需要经历烦琐且易出错的流程。这个平台能够实时集成江苏远洋旗下各船公司的生产数据，并且只需要点击"发送装卸船报文"按钮，平台就能够自动将集运生产数据转

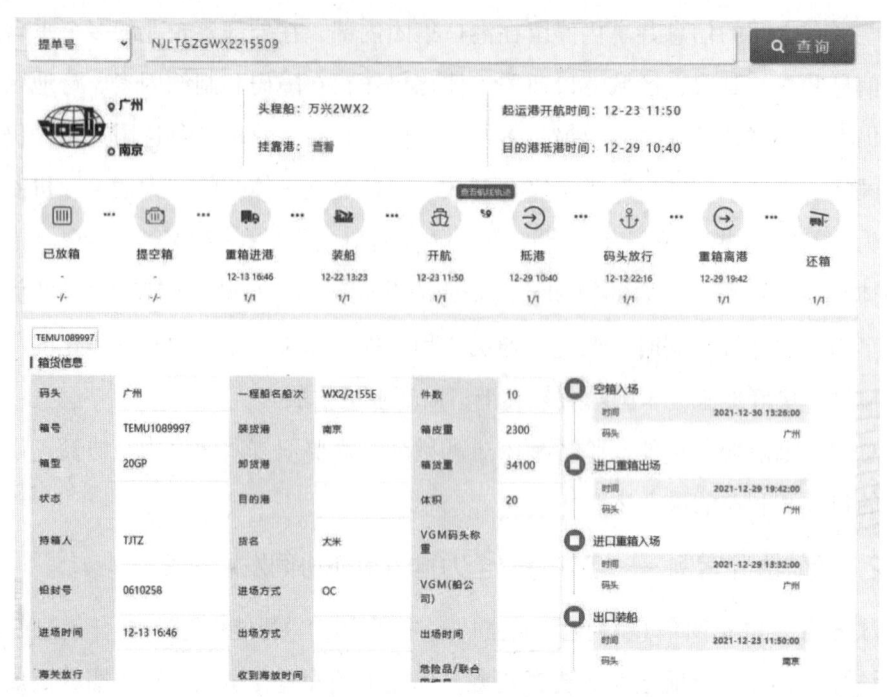

图 6-1 TOS系统界面

换成港口规定标准的、已经实现了主数据转码的EDI报文。这个报文可以一键发送到港口TOS系统进行审核确认。同时，平台自动接收港口TOS系统发送的班组作业和箱动态EDI报文，并解析展现给江苏远洋及客户。此外，通过"智能航运"综合信息管理平台，江苏远洋还实现了对所运集装箱在港口海关查验放行情况的及时跟踪，大大提高了工作效率和工作的准确性。

因此，通过"智能航运"综合信息管理平台，江苏远洋的船代操作人员能够极大地简化工作流程，减少出错的可能性，并提高工作效率。这不仅降低了时间和人工成本，而且对于促进港航融合进一步发展具有重要意义。

江苏省港口集团信息科技有限公司的"智能航运"综合信息管理平台是对集团战略要求的积极响应和实践。它为集团的港航协同一体化进程提供了有力的技术支持和保障，进一步提升了集团的竞争力和影响力。"智能航运"综合信息管理平台的上线，打通了集团港口和航运企业之间的调度计划数据通道，不仅进一步促进了港、航、货的高效统筹和智能协作，而且还有效地提高了工作效率，推动了集团的港航融合发展。[64]

6.2 港腹协同

6.2.1 港腹协同的内涵

港口腹地包括海向腹地和陆向腹地，是港口吸引货源和所能提供服务的辐射区域。通常所指的港口腹地为陆向腹地，在该区域内的相关产业和腹地城市人口规模决定了港口货物吞吐量和旅客发送人次，腹地城市的经济发展水平也在一定程度上决定了港口的发展水平。这个区域的大小和形状取决于多种因素，包括经济结构、产业规模和分布、人口分布、地理条件，以及交通运输条件等。随着贸易自由化和经济全球化的发展，港口与腹地之间的经济联系和互动关系越来越密切。港口不再仅仅是货物和旅客的转运中心，还成了国际贸易和物流的重要节点，对地区和国家经济的发展起到了重要的推动作用。因此，港口腹地的范围与重要性也在不断扩大和提升。[65]

港腹协同是指港口与其腹地之间相互依存、相辅相成的关系。港口是内陆腹地引进国际资源、产品、技术和信息，连接或进入国际市场的窗口。腹地是港区进口货物的销售市场，是各类原材料资源与人力资源的储备和供应地，也是内陆农副产品和工业品的供应地，是临港产业发展的主要空间。港腹协同对于协调港口与腹地区域间的发展平衡具有重要意义，具体体现为以下三个方面。

（1）**促进区域经济的发展**。港口作为物流中心，可以改善经济合作和贸易关系，为区域经济发展提供物质条件。改革开放以来，我国沿海城市经济发展水平明显高于内陆地区，这与沿海城市的港口腹地经济效应密切相关。在全球经济一体化形势下，港腹协同发展有助于使港腹区域间的单个子空间结合成为一个整体，形成以港口为龙头，以区域集疏运干线为脉络，以腹地人流、物流、信息流、资金流为内部结构的港腹一体化发展格局。港腹协同发展还能促进相关的航运服务业、滨海旅游业、港口投资开发等产业链的升级，从而进一步推动区域经济的发展。

（2）**促进产业结构调整和升级**。在经济新常态背景下，港口经济不再是作为物流中心吸引货源的简单的经济发展模式，而是依托临港产业、培育临港产业、形成产业集群，最终服务于临港产业，从而推动腹地产业结构调整和升级的新模式。港口的发展可以带动相关产业的发展，例如仓储业、运输业、加工业等，从而促进腹地产业结构的多元化和现代化。

（3）**提升城市形象和吸引力**。港口作为沿海城市的名片，其历史文明传承的作用日渐凸显。港口的发展可以改善城市的交通条件，提高城市的可达性和便捷性，从而吸引更多的投资和人才流入城市。如今越来越多的智慧港口成为"网红打卡点"，人们在此了解国内外智慧港口发展前沿态势，体验中国智能制造带来的民族自豪感，了解港口所在腹地城市的风土人情。从这一层面来说，港腹协同也推动了旅游业的发展。

6.2.2 港腹协同案例——大连东北亚国际航运中心建设

2013年8月，习近平在辽宁省考察时指出：辽宁沿海经济带要发挥区位和先发优势，突出大连东北亚国际航运中心、国际物流中心和区域性金融中心的带动作用，进一步建成产业结构优化的先导区、经济社会发展的先行区。[66]自2013年以来，大连市委、市政府深入贯彻习近平总书记的指示精神，致力于东北亚国际航运中心、国际物流中心的建设，通过出台一系列政策措施与战略规划，提高国内外要素资源吸引力，依托其地理位置优势，初步形成以海空两港为核心、多式联运综合运输枢纽为互联互通手段、重点港航物流园区为支撑的运行格局。

为促进大连市的港航一体化，辽宁港口集团鼓励航运合作企业积极开辟"一带一路"航线，构建以大连港为枢纽的国际中转航线网络。2021年1月，大连成功开通国内首条东亚至中亚商品车陆海联运新通道。该通道使得商品车从日本名古屋港装船，经由日本邮船集团（NYK）滚装船海运至大连港，随后转乘铁路专用车，最终通过霍尔果斯口岸过境运输至哈萨克斯坦。相较于传统路线，新通道大幅缩短了运输时间，全程仅需25天，节省了50多天运输时长，并且降低了约30%的物流费用。

为了进一步提升物流综合效率和降低物流成本，大连市正在积极研究制订多式联运一体化解决方案，优化班列运行线路，同时规范多式联运业务和监管流程。大连市已经成功打通了欧洲腹地波兰马拉舍维奇至大连的回程路线，实现了双向贯通别雷拉斯特至大连的中欧班列。此外，大连市还成功开辟了欧洲经大连至日本的集装箱中转线路，构建了"中欧班列+近洋海运"的过境中转通道。同时，与俄罗斯铁路合作打造了大连至圣彼得堡的点对点直达中欧班列。还开通了沈阳东至大连港马士基全程单海铁联运班列，创造了海铁联运的"一单到底"物流新模式。

大连市在推进东北亚国际航运中心建设的过程中，充分发挥本地丰富的高等教育资源的优势，实行市校合作，借智借力。大连市政府与大连海事大学合作成立了大连东北亚国际航运中心研究院。该研究院聚焦综合交通、多式联运、绿色港航、航运金融等关键领域，利用多源大数据开展融合创新，促进基于综合立体交通运输大数据的港航与物流科技产品孵化，建立政产学研用一体的高水平智库。

2023年，大连东北亚国际航运中心研究院建立了适配国家发展战略需求、适合大连发展实际的大数据平台和反映东北亚航运景气程度的包含航运运力指数、北美贸易指数、船舶价格指数、市场情绪指数等四大类合计十余个指数的"大连达思科"（DASC）航运指数，旨在全面评估东北亚地区的航运市场状况和发展趋势。这一指数的推出有利于提升我国在国际航运市场中的定价权，为船公司、货代和货主等航运市场参与者提供精准施策的理论依据。同时，该指数还能为东北亚国际航运中心的建设提供航线、港口布局和物流服务方向的建议，预测海运需求，指导港航企业、贸易公司、进出口企业、证券投行、政府部门等把握市场走势、制定战略决策。此外，DASC航运指数还将成为评价全球航运中心发展状况的风向标，进一步促进大连港口与东北亚腹地经济的协同发展。从港腹协同的角度来看，大连智慧港口的建设不仅提升了港口自身的服务水平和核心竞争力，更重要的是推动了腹地经济的发展和产业升级。通过数字信息技术与港口发展的深度融合，大连港实现了与腹地产业的无缝对接和高效协同。此外，大连智慧港口的建设还有助于提升腹地城市的国际竞争力和影响力。随着全球贸易的不断发展和国际贸易格局的不断变化，拥有高效、智能、绿色的港口已成为城市参与国际竞争的重要条件之一。[67]

6.3 跨港协同

6.3.1 跨港协同的内涵

在"一带一路"倡议的推动下，港口已不再是运输活动中孤立的节点，而是联结多种运输方式和各方信息的重要枢纽。为了满足日益增长的贸易需求，港口之间开始寻求合作与联盟，跨港分工合作成为主要的发展趋势。

跨港协同主要是指通过港口与港口之间的协同合作，实现跨港口资源的优化配置和高效利用，提升整个港口的运营效率和服务质量。跨港协同发展涉及空间位置相邻或相近的港口之间的友好合作与良性竞争，这种合作与竞争模式不再局限于某一单个港口，而是通过港口群之间的高度分工与合作提升港口的绩效表现，达成畅达高效的竞合状态。这种协同发展模式有助于优化资源配置，提高服务效率和质量，从而提高整体竞争力。

跨港协同的具体合作内容和目标可以根据不同的情况而有所不同，以下是一些常见的跨港协同的形成。

（1）**跨港物流合作**。多个港口可以通过合作共同组织和优化物流运输，实现资源和信息的共享与整合，提高物流效率和服务质量。

（2）**跨港船舶调度合作**。多个港口可以通过合作实现船舶的跨港调度和协调，避免船舶在多个港口之间重复靠泊与等待，提高船舶的运营效率和运输能力。

（3）**跨港信息共享合作**。多个港口可以通过合作实现信息的共享和整合，提高信息传递的效率和准确性，避免"信息孤岛"与重复劳动，提高港口的运营效率和服务质量。

（4）**跨港联合营销合作**。多个港口可以通过合作共同开展市场推广和营销活动，提高港口品牌形象和知名度，吸引更多的客户和货源，促进港口经济的发展。

6.3.2 跨港协同案例——京津冀港口群协同发展

京津冀港口群是秦皇岛港、唐山港（含曹妃甸港区、京唐港区）、天津港、黄骅港等一批中国渤海湾西部港口的集合体。这些港口在地理位置上相互靠近，形成了一个功能近似或完全相等的独立港口系统，其连接主要通过公路和铁路实现。不过，虽然从布局和功能上看，天津和河北的港口群各有定位，但港口恶性竞争问题依然存在。一是港口企业因缺乏统一规划布局而被划入不同行政区，导致各自为政现象严重，缺乏统一协调调配现有资源的力度，重复建设港口基础设施，造成资源浪费。二是由于地缘相近、腹地交叉重叠、经营商品种类雷同等，津冀港口群同质化竞争严重。除了港口之间的竞争，在外部竞争中，天津、河北两大港口集团实力下降，同时同一港口内部的企业竞争也十分激烈。因此，需要采取一系列措施，才能更好地实现天津与河北港口群的协同发展。首先，需要建立统一的规划和布局机制，协调各港口企业的发展，避免资源浪费。其次，需要推动差异化发展，根据各港口的优势和特点，发展不同的货种和业务，避免同质化竞争。这样才能在区域经济发展、国际贸易发展等方面贡献更多力量，才能实现天津与河北港口群的可持续发展。

2014年2月起，中共中央就推进京津冀协同发展作出重大决策部署，站在国家发展全局的高度，对形成京津冀协同发展强大合力提出明确要求。自此以后，渤海湾畔开始了一场宏伟的协同发展大计，京津冀三地摒弃了传统的"一亩三分地"思维，共同追求新的发展。[68] 2023年，津冀港口群的秦皇岛港、唐山港、天津港和黄骅港的货物吞吐量分别为1.90亿吨、8.42亿吨、5.59亿吨和3.30亿吨。在全国港口排名中，唐山港和天津港分别位列第2和第10，唐山港以9.5%的增幅位于全国港口前列。[69]

近年来，京津冀地区港口间的交流与合作日益密切。比如天津港为了错位发展，与河北港口群建立了合作伙伴关系。这种协同发展的战略布局使得京津冀地区的港口不再各自为战，而是相互合作、共同发展。这一举措旨在保障产业链、供应链的安全稳定，并为京津冀协同发展国家战略的深入实施做出贡献。

京津冀地区港口在协同发展的推动下，开通了不少新的航线。这些航线就像一座座桥梁，将秦皇岛港、唐山港、曹妃甸港、天津港和黄骅港等吞吐量在亿吨级以上的大港相互串联起来。这不仅加强了京津冀地区内部的联系，也促进了该地区与世界各地的贸易往来。京津冀三地联手打造港口群，以港口为物流核心，物流为经贸发展驱动力量，通过高效协同，实现资源优化配置和功能分工完善，带动产业链发展。以建设现代化港口群为目标，实现天津、河北港口群的错位发展、联动发展、一体化发展。天津在获批全国首批建设口岸自动驾驶示范区的同时，率先建成了全球首个"智慧零碳"码头。天津港集装箱航线数量达到140条，集装箱吞吐量在2022年突破2100万TEU，位列全国第6，世界第8。

京津冀港口群积极引入新技术，如大数据、云计算、人工智能和物联网等，推动智慧港口建设。这不仅提高了港口的作业效率和服务水平，也增强了港口的辐射能力和核心竞争力。例如，天津滨海金贸物流有限公司为北京供应水果，通过提高中转效率，基本上解决了等待时间的问题，现在只需要4个小时就可以从船边送到新发地。这一进步得益于天津港与京津冀海关合作打造的关港智慧平台，使得京津冀三地客户的产品都可以实现进口船边直提。首农集团也看到了天津港的区位和政策优势，并在紧邻太平洋国际集装箱码头建了一个冷库。这个冷库主要用来查验、中转进口的牛羊肉、水产、冰淇淋等冷链货物，然后发往京津冀各地。从2023年开始，北京的企业也开始享受到天津港送上门的服务。例如，北京古船食品有限公司每年有1万吨的小麦从海外进口，经天津口岸运到北京的车间。天津港物流发展有限公司与北京古船食品有限公司签署了合作协议，为北京的企业提供全程物流服务等个性化解决方案。此外，为进一步做好对北京企业的服务，2023年6月"北京CBD—天津港京津协同港口服务中心"揭牌成立，使得北京的企业可以在原地享受到 150 多千米外天津港的各项服务。除了公路运输，港口也与铁路相连。2023 年 7 月 14 日，首趟"天津港至北京大红门"海铁联运班列成功开行。石家庄国际陆港也在加快布局新赛道，依托铁路物流枢纽优势，创建京津冀中欧班列集结中心。现在，石家庄国际陆港与北京、天津共同开通了 9 条中欧班列线路，并与黄骅港、天津港共建内陆"无水港"。这不仅加强了京津冀区域间的协同联动，也为京津冀打开了一条高效便捷的国际物流大通道。[70]

通过以上措施，京津冀地区的港口逐步从竞争走向竞合，共同建设京津冀世界级港口群。这不仅有利于保障产业链、供应链的安全稳定，也有利于推动京津冀协同发展国家战略的深入实施。在未来的发展中，港航部门将继续加强合作，推动京津冀地区港口群的协同发展。随着协同发展的深入推进，京津冀港口群有望继续保持强劲的发展势头，为京津冀地区的经济社会发展做出更大的贡献。

本章课件

第 7 章
智慧港口的发展趋势与挑战

当前,我国港口呈现出集群化、系统化的发展特征。在未来的发展中,智慧港口将朝着更加智能化、绿色化的方向发展,逐渐提高对物联网、大数据、人工智能等信息技术的利用度,实现港口设备设施的智能化监管。此外,智慧港口还将拓展更多的增值服务,如跨境电商、金融服务等,以提升自身的竞争力。然而,智慧港口在发展过程中也面临着技术标准、数据安全、人才培养等诸多方面的挑战。要实现智慧港口的顺利发展,需要加强技术研发、推动产业升级、优化政策环境等,做出多方面的努力。只有这样,才能充分发挥智慧港口的优势,推动整个物流产业的持续创新和发展。

7.1 智慧港口的发展趋势和重点

7.1.1 未来智慧港口的发展趋势

在经济全球化背景下，世界经济正在经历一场深度调整，这无疑也影响到我国港口行业的发展。随着集装箱吞吐量的增速放缓，航运市场正在经历由"港方市场""船方市场"向"货方市场"的转变。船舶大型化和航运公司联盟化对港口的议价能力也提出了重大挑战，由于吃水限制，一些超大型集装箱船舶只能挂靠有限数量的世界深水良港。传统的以码头节点优势争取货量增长和效益增长的发展策略，已经变得不可持续。这不仅影响了港口间的竞争态势，也使得港口的同质化竞争状况进一步加剧。智慧港口的未来发展趋势主要体现为以下几个方面。

（1）**港口运营智能化**。港口建设是一项周期较长、投资巨大的工程，在技术储备和人才培养等方面存在一定的滞后性。随着国家供给侧结构性改革的进行和交通强国战略的实施，未来的港口将更加注重智能化运营，采用先进的自动化技术与机器学习技术，实现码头货物的自动化装卸和运输，减少人工干预与错误率。同时，港口也将加强信息化建设，实现信息的实时共享和协同作业，提高整体运营效率与透明度。

（2）**航运供应链多元主体协同化**。未来，智慧港口将进一步强化港口与航运、货主、供应链等多元主体的协同合作，构建更为稳健的战略伙伴关系，以应对航运市场的变化和挑战。同时，港口也应注重与内陆物流企业的合作，共同打造智慧物流平台，实现信息的共享和协同作业，提高整个物流链的透明度和效率。另外，各港口应通过提升技术水平、优化管理机制、提高运营效率等方式更加重视并提升港口的议价能力和核心竞争力，尤其是在船舶大型化与航运公司联盟化的发展趋势下。

（3）**数据应用服务无界化**。随着5G、物联网等技术的发展，智慧港口的数据应用服务将更加无界化，实现业务数据的上云服务，数据采集、存储、分析和应用将变得更加高效和精准，在数据安全得到进一步保障的前提下，实现数据的无界化共享，为港口运营和港航物流链提供更全面的数据支持。

（4）**业务模式创新差异化**。提升港口的服务品质和创新能力，以差异化发展为策略，避免同质化竞争，从而在激烈的竞争中获得更大的市场份额。智慧港口以腹地资源要素为依托，以客户为中心，针对不同客户的需求提供定制化的仓储物流服务，建设专业化货物码头。例如，依托日韩汽车进口物流市场，在大连、天津建设发展智能化汽车滚装码头；依靠上海、广州、深圳等城市发达的铁路网络，大力发展多式联运，建设铁路货运港口。

（5）**港口生态圈和谐化**。未来智慧港口将更加注重与周边环境的和谐共生，通过减少环境污染、提高能源效率、优化资源利用等手段，实现绿色、可持续发展。未来的港口也将更加注重与城市的智慧协同发展，以实现城市经济和社会的可持续发展。这包括加强港口与城市交通、能源、环保等领域的合作，共同打造智慧城市平台，实现信息的共享和协同作业。同时，港口也将积极参与城市规划与建设，推动城市经济和社会的可持续发展。如图7-1所示，招商蛇口集团提出打造前港—中区—后城的可持续发展生态圈，以港口引领、产业园区跟进、支持城市新区发展为目标，实现区域整体协调发展。通过港、区、城联动，构建政府驱动、企业引领、各类资源集聚、优势互补、协同发展的有效平台和产业生态系统。

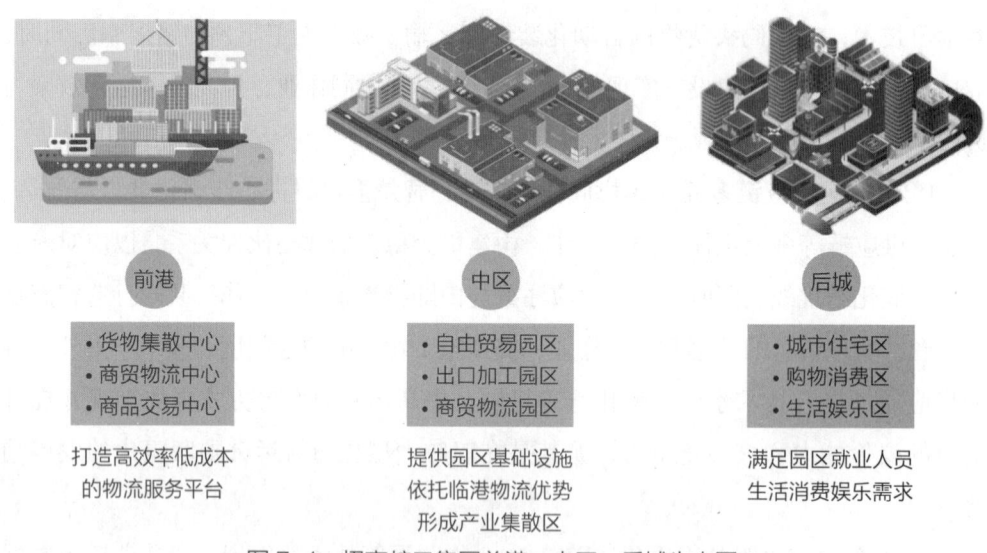

前港	中区	后城
• 货物集散中心 • 商贸物流中心 • 商品交易中心	• 自由贸易园区 • 出口加工园区 • 商贸物流园区	• 城市住宅区 • 购物消费区 • 生活娱乐区
打造高效率低成本的物流服务平台	提供园区基础设施 依托临港物流优势 形成产业集散区	满足园区就业人员生活消费娱乐需求

图7-1 招商蛇口集团前港—中区—后城生态圈

7.1.2 未来智慧港口的发展重点

未来发展的必然趋势是，智慧港口将通过数字化、智能化创新技术的应用，加强物流链资源的整合能力，不断优化资源配置，提高港口物流效率和服务质量。未来，智慧港口将呈现出运营更加智能、物流链服务更加协同、数据应用服务无边界、国际贸易更加便利、港口商业模式创新更加开放、港口生态更加和谐的发展趋势。这些变革不仅蕴藏着无限的机遇和可能，也将为全球产业链和供应链运作模式的调整带来新的挑战和机遇。因此，在智慧港口未来的发展中，应该重点考虑如何应对这些变革和挑战，以及如何抓住机遇和实现创新发展。加强技术创新和智能化、可持续化建设，提高运营效率和服务质量，实现港口生态圈的协同和共赢。[71] 表 7-1 列出了未来智慧港口的发展重点。

表 7-1 未来智慧港口的发展重点

发展重点	主要发展方向
数据驱动决策	利用大数据和人工智能技术，实现数据驱动决策。通过数据分析，可以更好地了解业务需求和趋势，优化运营策略，提高决策效率。例如，通过数据分析预测货物的流量和流向，优化航线配置和运输计划
强化资源整合	以市场为导向，通过信息共享、协同作业等方式，强化供应链资源利用的节约化能力，尽量避免港口的无序竞争，通过港口业务重组，推进长三角、环渤海、京津冀、粤港澳大湾区等港口群的协同发展
港口运营效率提升	通过自动化设备、智能化调度和运营管理系统等技术手段，提高港口的吞吐能力和运营效率。尝试搭建数字孪生港口，集成传感器、船舶、堆场等管理系统的数据资源，全面实时地监测港口运营情况
服务质量提升	重视对大客户的开发和培养，通过优化操作流程、提升服务质量、加强安全管理等措施，满足客户日益增长的需求，提高客户黏性
提升绿色发展水平	港区建设应尝试应用新工艺、新材料，注重环保和可持续发展，通过优化能源结构，使用氢能、风能、太阳能等清洁能源，实现绿色、低碳发展，例如推广使用电动集装箱牵引车和电动集装箱搬运车等清洁能源设备，减少港口作业过程中的尾气排放
贸易便利化	通过数字化的通关流程、电子化的贸易单证、智能化的船舶通关等深化口岸数字化建设，促进中欧班列发展，提高国际贸易的效率和便利性
产业协同发展	港口独特的地理区位优势有利于吸引交通运输业、金融保险业、装备制造业、信息服务业的产业集聚。智慧港口需要与航运业、制造业、物流业等相关产业进行深度融合和协同发展，共同推动港航供应链的数字化进程
优化营商环境	通过简化审批流程、推行关税优惠政策等方式，实现货物运输全程的一次报关、一次查验，改善企业的营商环境，推动港口的可持续发展

续表

发展重点	主要发展方向
风险防范与应对	建立完善的风险防范与应对机制，例如加强网络安全防护、建立健全的信息安全管理制度、制订应急预案等措施来应对可能出现的风险和挑战
加强人才培养与引进	智慧港口的发展需要具备数字化、智能化等技术知识和创新思维的高素质人才。港口企业应加强人才培养和引进，通过与高校和研究机构的合作，培养专业人才并引进优秀人才，提高港口的创新能力和竞争力

7.2 智慧港口发展中面临的挑战

尽管智慧港口是未来港口发展的大势所趋，但在实际发展过程中，仍然存在信息安全、资金投入、数据权属等方面的挑战和问题。

7.2.1 信息安全问题

作为提供信息服务的关键资源，智慧港口大数据平台在实现实时获取、读取、收集和应用信息的同时也存在重大的信息安全风险。一旦服务器在此过程中被犯罪分子或黑客入侵，轻者导致数据泄露甚至被恶意利用，重者会对港口生产、货物运输和商业机密造成严重影响。

针对这一问题，一些港口企业开始加强信息防御体系建设，但实际效果并不理想。许多港口企业只是在个人接入路径上增加了入侵检测设备，大多数企业没有建立专门的信息安全操作系统和部门，而只是对信息安全进行临时兼职监管。这种工作模式可能会增加发生信息安全问题的可能性。因此，港口经营者需要开发一套完整的信息管理系统，包括政策制定、保护措施、监测机制及回应程序，并结合加密、身份认证、防火墙等技术，为港口网络保安提供即时保障；同时，利用入侵检测、漏洞评估等监测工具来评估系统网络的安全性。

随着经济和科学技术的发展，现代港口业务进一步数字化，自动化设备和物联网技术得到广泛应用，大大提高了港口生产效率，减少了人为操作误差。然而这也向操作管理人员和信息系统提出了更大的挑战，信息管理部门作为辅助性部门，并不会直接带来经济效益，往往缺乏对信息安全运营工作的综合考量。[72] 因此，有必要采取有效的安全措施，确保智慧港口的数据安全和隐私保护。

7.2.2 信息壁垒问题

智慧港口建设中，企业内部及外部合作方之间不同业务系统的数据形式和格式存在差异，这为大数据的处理增添了许多工作量。另外，由于政府部门、港口企业和船运公司等单位之间相互独立，缺乏信息共享机制，不同企业在数据优先权方面优劣势明显，例如港口企业、船运公司等需要向海关、海事部门上传工作数据，但政府部门的许多数据则有权不对外公布。这是基于各方保守业务机密的客观实际。在国际远洋贸易运输中，货物从原材料加工到生产制造为产成品，再到托运人委托承运人运输至收货人，这是一条漫长、复杂的长链条供应链，涉及众多参与者。在其中，既做到必要数据的开放共享，又保证自身的商业利益不受侵犯，是一项艰巨的任务。这些原因导致在智慧港口建设中，信息壁垒问题仍然存在，对港口物流发展产生了一定影响。因此，需要采取相应的措施，如完善数据共享规范、打破信息壁垒、促进数据开放等，以提升智慧港口建设的整体效果。

综上所述，智慧港口大数据应用中的信息壁垒问题主要体现在港口企业、港口企业与合作企业、港口企业与行政部门之间。这些隔阂不仅增加了成本和时间，还可能影响业务流程和决策的准确性、可靠性。因此，未来需要通过完善数据共享规范、打破信息壁垒、促进数据开放等方式来减少信息阻隔，提升智慧港口大数据应用的实际效果。

7.2.3 数据权属问题

信息壁垒问题的一个底层原因是数据的权属问题。港口大数据中虽然有众多的原始数据，但是这些数据的来源除了安装在港口航道、船舶、锚地、起重运输机械等处的传感器、监视器等设备外，还有相当一部分是基于网络爬虫从互联网网页、上下游企业官网等处抓取过来然后通过标准化协议转换处理的。由于信息来源不明确，这种不合规的数据使用方式可能会引发数据权属问题。

目前，大数据在港口领域主要应用于提高港口生产效率和改善客户体验，还没有形成较为明确的利润增长来源或产生直接经济效益的方式。但随着大数据在港口应用范围的扩大、历史数据库的增加和港口业态的丰富，港航大数据的价值将不断提升。与此同时，数据提供方与数据采集处理方之间的数据权属纠纷将逐渐凸显。因此在实践中，应重视数据所有权问题，以确保数据市场的有效运作。[73]

7.2.4 资金投入问题

由于智慧港口建设涉及众多先进的信息技术和设施设备，而这些技术和设备往往需要大量的资金投入，因此对于一些发展中的港口来说，资金压力是不容忽视的问题。为了解决这一问题，智慧港口需要在提升港口运营效率和资金投入之间做出平衡。

（1）**增加政府支持**。政府可以通过提供财政补贴、税收优惠等政策措施，加大对智慧港口建设的资金支持力度，帮助港口企业减轻经济压力。

（2）**加强财务管理和成本控制**。智慧港口建设和运营往往耗费巨资，在港口规划初期，要做好财务风险管控和成本预算控制，后期也可以设立法务风控部和战略投资部负责做好财务风险管控，并引导金融机构加大财政支持力度。

（3）**创新投融资模式**。港口企业可以积极引入社会资本，通过与相关企业合作、发行债券等方式，筹集资金用于智慧港口建设。一些大型的智慧港口项目可以探索采用公私合作（PPP）模式等创新融资模式，引入更多的社会资本参与项目建设，减轻政府的财政压力。

（4）**优化技术和设备投资**。智慧港口建设虽然需要投入大量财力，然而这些投资必须与港口企业的实际需求相匹配。引进技术和设备是为了提高运营效率，如果这些投资不能带来足够的回报，那么就失去了其意义。因此，在选择技术和设备时，需要考虑性价比，尽可能选择能够满足港口企业需求且投资回报较高的技术和设备。

（5）**强化信息共享和协作**。通过建立信息共享平台，可以促进港口企业、合作企业和行政主管部门之间的信息交流，减少信息不对称，提高运营效率。此外，还可以通过信息协作，实现资源共享，降低运营成本。港口企业可以通过加强内部管理，优化资金使用，降低智慧港口建设成本。例如，可以通过统一采购、合理配置资源等方式，提高资金的利用效率。

（6）**提高劳动技能和素质**。智慧港口的建设不仅需要先进的技术和设备，还需要具备相应技能和素质的员工。可以通过数字技术专题研学、实地参观国内外先进智慧港口、开展企业内部智慧港口建设课题、设立企业数字化创新实验室等方式引导和培养员工感受智慧港口的价值，深刻理解智慧港口的运作模式。

（7）**建立有效的评估机制**。智慧港口建设完成后，需要建立有效的评估机制，对建设和运营效果进行全面评估。通过评估，港口企业可以发现存在的问题和不足，及时进行改进和优化，保证智慧港口建设和运营的可持续发展。评估机制不仅有助于提高运营效率，也可以为后续的投资决策提供参考。

总之，智慧港口需要在运营效率和资金投入之间寻找平衡点，通过优化投资、强化信息共享和协作、提高员工素质、加强财务管理和建立评估机制等多种手段来实现这一目标。

7.2.5 体系制度问题

智慧港口的建设和发展需要有完善的理论体系与技术体系作为支撑。目前，智慧港口涉及的技术领域广泛，理论体系复杂，技术水平要求高，需要相关人员不断学习进行技术研发和创新。由于缺乏完善的理论体系和技术支撑体系，智慧港口的推进路径和发展战略等方面还没有得到深入的研究和探讨，这对于智慧港口的长期发展来说是一个巨大的挑战。

智慧港口的各种科学技术具有不同的特点和优势，要将它们有机地融合在一起，充分发挥它们在智慧港口中的潜力，需要不断地进行技术创新和实践探索，这对于智慧港口的快速发展也是一个挑战。因此，智慧港口需要在未来的发展中积极探索和推进相关理论和技术的研究，加强技术深度融合的实践探索。

7.3 智慧港口未来的创新方向与机遇

智慧港口作为现代港口发展的重要趋势，有许多创新方向和机遇。通过数字技术、自动化技术、人工智能等技术的应用，以及新兴技术的不断涌现和政策支持，智慧港口将继续实现创新发展，提高运营效率和服务水平，更好地满足客户需求，实现港口的可持续发展。智慧港口未来的创新方向和机遇主要体现在以下几个方面。

（1）**自动化和机器人技术的应用**。目前港口的自动化和机器人技术主要应用于船舶装卸作业，以及AGV、IGV、无人集卡在堆场的水平运输环节。未来，在仓库分拣、堆场堆存等越来越多的领域，港口自动化技术和机器人的部署也将越来越广泛，港口数据大脑的建设步伐将逐渐加快。

（2）**物联网和大数据技术的应用**。未来智慧港口将更加注重物联网和大数据技术的应用，以实现设备的实时监控、管理和调度，提高装卸效率。例如，利用物联网技术对吊机、起重机等设备进行实时监控和管理，采用大数据技术对港口运营数据进行分析和挖掘，为决策提供支持，而且 6G 落地后将为港口提供新的发展机遇。

（3）**人工智能和云计算技术的应用**。元宇宙是近几年最为火热的名词之一，指一种结合了人工智能、云计算等技术的基于 Web 3.0 的虚拟原生世界。目前，元宇宙在智慧港口领域的落地应用相对较少，若利用元宇宙技术建立智慧港口的镜像原生世界，可采用人工智能、云计算等技术对港口运营数据进行智能分析和预测，实现港口信息的共享和协同作业。

（4）**绿色和可持续发展的要求**。未来智慧港口将更加注重绿色和可持续发展的要求，以减少对环境的影响和提高资源的利用率。例如，采用清洁能源和节能技术，减少港口的能源消耗和碳排放，采用环保技术减少港口的污染排放。

（5）**供应链协同和数字化转型**。未来智慧港口将更加注重供应链协同和数字化转型的要求，以提高整个供应链的效率和服务质量。例如，加强与内陆物流企业的合作，共同打造智慧物流平台，实现信息的共享和协同作业，采用数字化技术提高港口的运营效率和透明度。在国际上，鹿特丹、新加坡等港口目前正尝试利用量子计算机探索其在港口运营优化方面的潜力。

本章课件

REFERENCES 参考文献

[1] BELMOUKARI B, AUDY J-F, FORGET P. Smart port: A systematic literature review [J]. European Transport Research Review, 2023, 15(1): 4.

[2] 陈岩. 论第五代港口[J]. 中国集体经济, 2009（21）: 1.

[3] 霍高原, 高人杰. 山东省建设世界一流海洋港口的主要进展及对策建议[J]. 中国港口, 2023（6）: 1-4.

[4] 上海国际航运研究中心. 2023年全球大货物吞吐量港口排名[EB/OL].（2024-05-25）[2024-06-14]. https://mp.weixin.qq.com/s?__biz=MzAxMzE3MTM4Mg==&mid=2652906523&idx=1&sn=2532257d54db2a65956af283c0ca8a4c&chksm=80722bc2b705a2d4ef10d3638891ad380cb0131aad6843bb55bdea0940dd4ab4a6f9f2081f3e&scene=27.

[5] 刘兴鹏, 张澍宁. 智慧港口内涵及其关键技术[J]. 世界海运, 2016, 39（1）: 1-6.

[6] 张驰. "互联网＋"背景下天津港建设智慧港口发展模式研究[J]. 天津科技, 2015, 42（10）: 2.

[7] 梅叶. 智慧港口运营生态与全链治理解析[J]. 武汉交通职业学院学报, 2023, 25（1）: 10-15.

[8] 吴大立. 智慧港口综合管理系统的运营模式与效率优化研究[J]. 中国科技期刊数据库 工业A, 2023（7）: 179-182.

[9] YAU K-L A, PENG S, QADIR J et al. Towards smart port infrastructures: Enhancing port activities using information and communications technology [J]. IEEE Access, 2020, 8: 83387-83404.

[10] MIN H. Developing a smart port architecture and essential elements in the era of Industry 4.0 [J]. Maritime Economics & Logistics, 2022, 24: 189-207.

[11] HEIKKILÄ M, SAARNI J, SAURAMA A. Innovation in smart ports: Future directions of digitalization in container ports [J]. Journal of Marine Science and Engineering, 2022, 10: 1925.

[12] 黄祝佳. 广州港智慧港口评价与建设研究[D]. 广州: 华南理工大学, 2019.

[13] 吕长红.全球自动化码头发展现状[J].海运纵览,2017（12）:6-9.

[14] 陈振春,谢凌峰.基于第五代港口特征的深圳港高质量发展分析[J].水利经济,2021,39（4）:24-27,78.

[15] 杨宇华,张氢,聂飞龙.集装箱自动化码头发展趋势分析[J].中国工程机械学报,2015,13（6）:571-576.

[16] 马越汇,胡志华.不确定环境下自动化集装箱码头AGV调度与配置问题[J].广西大学学报（自然科学版）,2016,41（2）:589-597.

[17] 周兵兵,马群,邬建国,等.再论可持续性科学:新形势与新机遇[J].应用生态学报,2019,30（1）:325-336.

[18] 王卓凡.船运业纳入欧盟碳排放交易体系的影响分析[J].国际石油经济,2023,31（10）:42-49.

[19] 楼乐依.可持续发展下的港口绿色物流发展概述[J].中国物流与采购,2020（10）:38-39.

[20] 李渊文.港城关系视角下的沿海港口城市发展模式研究——以山东省日照市为例[C]//中国城市规划学会.人民城市,规划赋能——2022中国城市规划年会论文集（04城市规划历史与理论）.武汉:2022/2023中国城市规划年会,2023:10.

[21] 驻新加坡共和国大使馆经济商务处.新加坡海港排碳量 八年内减至2005年水平 四 成[EB/OL].（2022-03-17）[2023-11-05].http://sg.mofcom.gov.cn/article/dtxx/202203/20220303286180.shtml.

[22] 港口网.AI赋能智慧港口（一）——欧洲自动化码头下篇[EB/OL].（2019-07-23）[2023-11-05].http://www.chinaports.com/portlspnews/1110.

[23] 中华人民共和国交通运输部.2023年6月水路货物运输量[EB/OL].（2023-07-31）[2023-11-22].https://xxgk.mot.gov.cn/2020/jigou/zhghs/202307/t20230731_3877942.html.

[24] 龙丹.物联网技术在港口信息化建设中的应用研究[J].物流工程与管理,2019,41（5）:84-86.

[25] 马仁洪,陈有文.以物联网技术促进港口智能化发展[J].水运工程,2012（5）:38-42,52.

[26] 孙其博,刘杰,黎羴,等.物联网:概念、架构与关键技术研究综述[J].北京邮电大学学报,2010,33（3）:1-9.

[27] 曾露玲,吴宏.智慧港口建设中大数据应用面临的主要问题及对策[J].集装箱化,2021,32（10）:1-5.

[28] 孟小峰，慈祥. 大数据管理：概念、技术与挑战[J]. 计算机研究与发展，2013，50（1）：146-169.

[29] 海事服务网. 广州港信息化系统通过验收[EB/OL].（2019-08-13）[2023-12-01]. https://www.cnss.com.cn/html/gkdt/20190813/329924.html.

[30] 广州外理. 散杂货数字系统实现全覆盖推广应用[EB/OL].（2023-11-20）[2024-02-05]. https://mp.weixin.qq.com/s?__biz=MzUxMDY4OTk5OA==&mid=2247534582&idx=5&sn=db4358c5f43325f52f4f081076ff9e32&chksm=f97d1057ce0a9941e4f05589cc21a63b128ad7dc150c5e119d6f731f169b004a398a2324bf2b&scene=27.

[31] 赵丹，刘永佳，刘桂云. 5G网络助力下的中国智慧港口发展探析[J]. 水道港口，2021，42（5）：695-700.

[32] 秦樊. 5G无线通信技术应用前景[J]. 中国新通信，2019，21（4）：7.

[33] 任建东，焦明倩. 浅谈新型智慧港口的建设——以青岛港为例[J]. 科技与创新，2019（23）：49-50，52.

[34] 孙傲，赵礼峰. 基于信息增益和基尼不纯度的K近邻算法[J]. 计算机技术与发展，2019，29（9）：51-54，116.

[35] 宓为建，刘园. 智慧港口概论（英文版）[M]. 上海：上海科学技术出版社，2022.

[36] 交通运输部. 浦东30年③｜迈向深水港[EB/OL].（2020-11-14）[2024-02-01]. https://mp.weixin.qq.com/s?__biz=MzI3MDQwMDQ5NQ==&mid=2247528746&idx=1&sn=fa30ecf83f973d71bb5092fb239b03e0&scene=0.

[37] HU Z-H, SHEU J-B, LUO J X. Sequencing twin automated stacking cranes in a block at automated container terminal [J]. Transportation Research Part C: Emerging Technologies, 2016, 69: 208-227.

[38] 任民. 上海洋山港四期：智能码头"中国芯"[J]. 金秋，2018（3）：8.

[39] 冷梅. 引领全球"码头革命"，看洋山四期创造的"神话"[N/OL]. 青年报·青春上海，2022-10-17[2024-03-05]. http://www.why.com.cn/wx/article/2022/10/17/16659802451356704845.html?from=singlemessage&isappinstalled=0.

[40] 任建东，焦明倩. 浅谈新型智慧港口的建设——以青岛港为例[J]. 科技与创新，2019（23）：49-50，52.

[41] 周建亮. 青岛港：规划"一湾两翼辖六区"[N]. 青岛日报，2023-03-28（5）.

[42] 王健高，宋迎迎，春修，等. 山东港口青岛港：打造智慧绿色港口 赋能高质量发展[N]. 科技日报，2023-01-03（3）.

[43] 马榕蔚. 用智慧擦亮"绿色港口"名片[N]. 中国水运报, 2023-05-12（5）.

[44] 习近平在浙江考察时强调 统筹推进疫情防控和经济社会发展工作 奋力实现今年经济社会发展目标任务[N]. 人民日报, 2020-04-02（1）.

[45] 浙江省国资委, 科创局. 浙江省海港集团、宁波舟山港集团：数字化是打造世界一流强港的加速器[EB/OL].（2021-01-13）[2023-08-05]. http://www.sasac.gov.cn/n4470048/n13461446/n15927611/n15927638/n16135043/c16512773/content.html.

[46] 李从民. 智慧港口发展模式研究[D]. 北京：对外经济贸易大学, 2021.

[47] 方彭依梦. 宁波舟山港：向海而兴 逐梦深蓝[N/OL]. 人民网, 2023-08-17[2024-01-08]. http://zj.people.com.cn/n2/2023/0817/c228592-40535025.html.

[48] 杨阳, 张明进, 韩玉芳, 等. 内河航道设施智能化监测预警与信息服务关键技术研究[J]. 中国基础科学, 2021, 23（1）：26-33.

[49] 杨洋. 内河航道智能航标系统的研究与开发[J]. 中文科技期刊数据库（全文版）工程技术, 2023（1）：1-3.

[50] 姚保良. 浅析自动化集装箱码头建设与设备运维管理[J]. 新型工业化, 2022, 12（7）：230-235.

[51] 袁玉祥, 随振营. 新兴技术在智慧港口的应用现状及发展趋势[J]. 中国水运, 2022（3）：60-62.

[52] 郭培昌. 码头泊位计划的智能化[J]. 集装箱化, 2011, 22（12）：6-8.

[53] 姚刘奕, 何文萱, 唐海亮. 企业能源管理系统的设计与应用[J]. 智能制造, 2023（4）：110-112.

[54] 胡艳敏. 智慧平台解锁港口能源管理新模式[N]. 日照日报, 2024-03-06（A4）.

[55] 何业科, 刘政刚. 广州港南沙港区四期自动化集装箱码头建设方案[J]. 集装箱化, 2021, 32（9）：5-7.

[56] 邱超奕. 探访天津港集团等自主研制的人工智能运输机器人ART：载箱穿梭 畅行码头[N]. 人民日报, 2023-07-05（18）.

[57] 温富荣, 许鸿贯. 自动化集装箱码头闸口布置的设计要点[J]. 水运工程, 2022（10）：68-72.

[58] 王芳. 集装箱码头智能生产决策系统设计[J]. 中国港口, 2020（2）：61-64.

[59] 黄启翔, 罗天铭. 粤港澳大湾区港口群智慧发展方向与模式构思[C]//中国智能交通协会. 第十四届中国智能交通年会论文集（2）. 青岛：第十四届中国智能交通年会, 2019：44-53.

[60] 何淑华，丁辉.基于计算机技术构建智慧港口管理系统的分析[J].交通科技与管理，2023（10）：1-3.

[61] 吴文波，周文志，宋琦.内河港口件散货生产业务管理系统[J].计算机时代，2021（2）：109-112.

[62] 罗本成.我国港航信息化发展的大趋势[J].综合运输，2013（11）：4-7.

[63] 黄勇，祝诗蓓.促进长三角区域港航协同发展的思考[J].全球化，2020（4）：87-96，135.

[64] 江苏省港口集团信息科技有限公司.智·前沿丨推进港航协同，这个系统有"门道"[EB/OL].（2022-06-07）[2024-02-03].https://mp.weixin.qq.com/s/_O4n6MBToKxJeq9j3Wu-XQ

[65] 赵丹.港口管理实务（英文版）[M].杭州：浙江大学出版社，2023.

[66] 加快转型 大连倾力打造经济社会发展"升级版"[N].大连日报，2013-12-03（A3）.

[67] 大连东北亚国际航运中心研究院.通海达陆 链接天下——大连东北亚国际航运中心和国际物流中心建设成就综述[EB/OL].（2023-08-20）[2024-02-03].https://mp.weixin.qq.com/s/Bg5XAfb4vi6B5ZhrOrja9w.

[68] 张道正.京津冀协同发展绘出波澜壮阔精彩画卷[N].中国商报，2023-04-19（2）.

[69] 上海国际航运研究中心.2023年全球大货物吞吐量港口排名[EB/OL].（2024-05-25）[2024-06-14].https://mp.weixin.qq.com/s?__biz=MzAxMzE3MTM4Mg==&mid=2652906523&idx=1&sn=2532257d54db2a65956af283c0ca8a4c&chksm=80722bc2b705a2d4ef10d3638891ad380cb0131aad6843bb55bdea0940dd4ab4a6f9f2081f3e&scene=27.

[70] 河北新闻联播.中国式现代化的先行实践——京津冀携手打造世界级港口群[EB/OL].（2023-09-15）[2024-03-06].https://mp.weixin.qq.com/s/12eGgqoRMcQI1g57zGRMpA

[71] 张欣.国际港口发展趋势与上海智慧港口建设[J].张江科技评论，2022（1）：38-39.

[72] 李昕昱.智慧港口建设中大数据应用面临的挑战与出路探索[J].江苏科技信息，2022，39（16）：38-40.

[73] 曾露玲，吴宏.智慧港口建设中大数据应用面临的主要问题及对策[J].集装箱化，2021，32（10）：1-5.